DV
Concept
Jörg Madinger
Fachverlag für Sport

Vorwort

Innovatives Training und Sportstunden, die Spaß machen, lassen sich vor allem durch interessante Spielformen abwechslungsreich gestalten. Die vorliegenden 50 Spielformen sollen hier Ideen und Anregungen liefern.

Die Spiele sind in vier Bereiche untergliedert. Der erste Bereich befasst sich mit kreativem **Aufwärmen**, Mobilisation und Steigerung der Konzentration. Danach folgen verschiedene **Spiele mit Ball**, wie Passspiele, Zielspiele und Fußballvarianten. Auch die im dritten Bereich behandelten **Fangspiele**, sowie die verschiedenen **Staffelwettkämpfe** können immer wieder zur Auflockerung einer Trainingsstunde verwendet werden.

Die Spiele sind leicht verständlich durch Text und Übungsbild erklärt und können in jedes Training direkt integriert werden. Durch verschiedene Schwierigkeitsstufen, zusätzliche Hinweise und Variationsmöglichkeiten, können sie für jede Altersstufe angepasst gestaltet werden.

I0220844

2. Auflage (15.12.2014)
Verlag: DV Concept
Autoren: Jörg Madinger, Elke Lackner
ISBN: 978-3-95641-156-4

Inhalt:

1. Spiele zum Aufwärmen

2. Spiele mit Ball

3. Fangspiele

DV
Concept
Jörg Madinger
Fachverlag für Sport

4. Sprintstaffeln

Nr.	Name	Anzahl	Schwierigkeit
32	Hütchenstaffel	6	★
33	Slalomstaffel	6	★★
34	Pendelstaffel	6	★
35	Staffel mit Kreuzung	6	★
36	Sprint nach Ansage	6	★
37	Sprintwettkampf mit Zahlenaufgaben	6	★
38	Transportstaffel	6	★
39	Sprintwettkampf mit Karten	6	★
40	Verfolgungs-Wettkampf	6	★
41	Sprint Memory	6	★
42	Sprint-Parcours mit Karten	6	★
43	Mannschafts-Pendel-Staffel	6	★
44	Sprintslalom mit kleinen Turnmatten	8	★★
45	Weichbodenmatten-Transportstaffel	12	★★
46	Mattentransportstaffel	8	★★
47	Sprintstaffel mit Turnbänken	6	★
48	Sprintquartett	8	★
49	Spiegellauf	2	★★
50	Wer sammelt seine Karten zuerst ein?	8	★

5. Weitere Fachbücher vom Verlag DV Concept

DV
Concept
Jörg Madinger
Fachverlag für Sport

Legende:

Übungsnummer   Übungsname   Min. Spieleranzahl

Nr. 1	Ballwurf-Wettkampf	8	
X Spiele zum Aufwärmen	Spiele mit Ball	Fangspiele	Sprintwettkämpfe ⭐

Übungsthema

Schwierigkeitsgrad
Einfach: ⭐
Mittel: ⭐⭐
Schwer: ⭐⭐⭐

✗   Hütchen

◯   Reifen

        dicke Weichbodenmatte

        dünne Turnmatte

        kleine Turnkiste

☐   kleine umgedrehte Turnkiste

▬   Pommes: ca. 60 cm lange Schaumstoffstreifen

        großer Turnkasten

●   Medizinball

▬   Turnbank

◯   Eimer

Nr. 1		Ballwurf-Wettkampf		8	
X	Spiele zum Aufwärmen	Spiele mit Ball	Fangspiele	Sprintwettkämpfe	★

Benötigt:
→ Ausreichend Bälle

Aufbau:
- Zwei Mannschaften bilden, eine auf jeder Spielfeldhälfte
- Jeweils 10-20 Bälle je Spielfeldhälfte (Mannschaft) in die Mitte legen

Ablauf:
- Alle Spieler laufen im lockeren Tempo durch die Halle (A)
- Auf Kommando beginnen beide Mannschaften, die Bälle aus ihrer Hallenhälfte in die der gegnerischen Mannschaft zu werfen (B). Dabei darf jeder Spieler maximal einen Ball gleichzeitig in den Händen halten
- Nach 30 Sekunden(auf Kommando) hören beide Mannschaften sofort auf und es wird gezählt, welche der beiden weniger Bälle in der eigenen Spielfeldhälfte hat.
- Die Verlierermannschaft macht eventuell eine zuvor definierte „Strafaufgabe" (z.B. Sprint bis zur Mittellinie, Hampelmannbewegungen, Liegestützen)

Übungsbild:

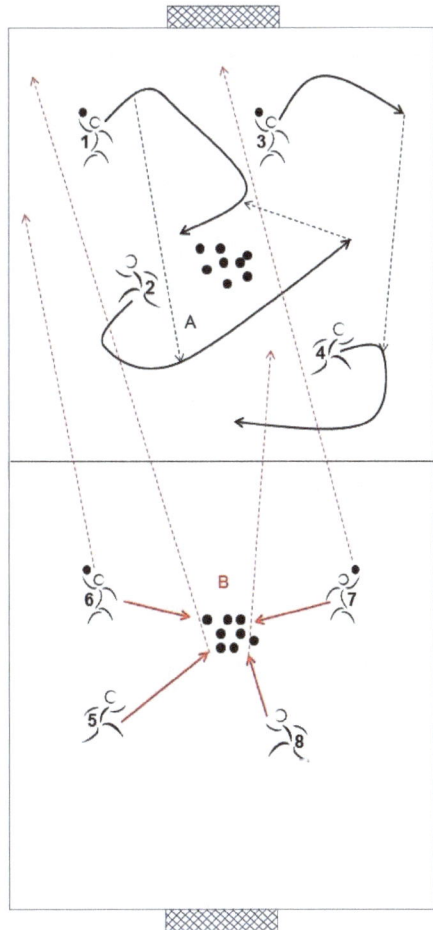

Nr. 2		Mobilisierung des Gehirns - 1		8	
X	Spiele zum Aufwärmen	Spiele mit Ball	Fangspiele	Sprintwettkämpfe	⭐

Aufbau:
- Die Spieler stellen sich mit etwas Abstand zueinander auf, alle mit Blick zum Trainer

Ablauf:
- Die Spieler laufen nach Ansage des Trainers entweder nach rechts, links, vorne oder hinten
- Damit es nicht zu einfach ist, und der Kopf gefordert wird, werden die Richtungen ersetzt

z.B.:
Links: rot – 1 – Apfel
Rechts: blau – 2 – Birne
Vorne: gelb – 3 – Pflaume
Hinten: grün – 4 – Banane

Zunächst mit einer Variante beginnen, dann eine Zweite hinzunehmen, usw., am Ende die Varianten mischen.

Variation:
- Die Beispiele oben mischen (Ansage: rot – 3 – gelb – Pflaume)

Übungsbild:

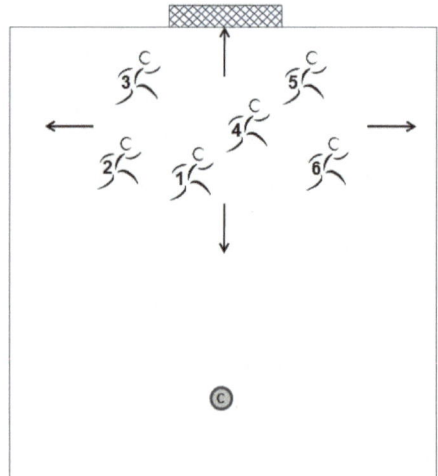

Nr. 3		Verdrängungswettkampf		8	
X	Spiele zum Aufwärmen	Spiele mit Ball	Fangspiele	Sprintwettkämpfe	⭐

Aufbau:
- Zwei Mannschaften bilden

Ablauf:
- 1 2, 3 und müssen 1, 2, 3 und 4 aus einem zuvor definierten Feld (z.B. 6 Meter Raum, 9 Meter Raum, Basketballkreis, o.ä.) schieben/ziehen/drängen (A und B). Wer den Bereich verlassen hat, ist aus dem Spiel
- Zeit stoppen, wie lange dauert es, bis alle Spieler 1, 2, 3 und 4 den Raum verlassen haben
- Danach Aufgabenwechsel, welche Mannschaft schafft es, länger im Raum zu bleiben?

Übungsbild:

DV Concept
Jörg Madinger
Fachverlag für Sport

Nr. 4		Was passt zu mir?		8	
X Spiele zum Aufwärmen		Spiele mit Ball	Fangspiele	Sprintwettkämpfe	★

Benötigt:
→ 2 kleine Turnkisten

Ablauf:
- Jeder Spieler bekommt eine Ziffer zugewiesen (1, 2, 3, usw.)
- Alle Spieler bewegen sich im Handballkreis, oder in einem anderen geeigneten Feld
- Auf Kommando bleiben alle stehen und der Trainer macht eine Aussage: z.B. alle geraden Zahlen nach links
- Alle Spieler mit einer geraden Zahl müssen jetzt zum linken Kasten laufen und sich darauf stellen. Die mit den ungeraden Zahlen laufen zum rechten Kasten und stellen sich darauf. Welche Mannschaft steht zuerst geschlossen auf dem Kasten?

Ansagevariationen:
- Alle Spieler mit Puma (Adidas,…) Schuhen
- Alle Primzahlen
- Gezielt Zahlen ansagen (z.B.: 2, 5, 8)

⚠ Bei größeren Gruppen, Turnbänke statt Turnkisten nehmen, damit alle Spieler Platz finden

Übungsbild:

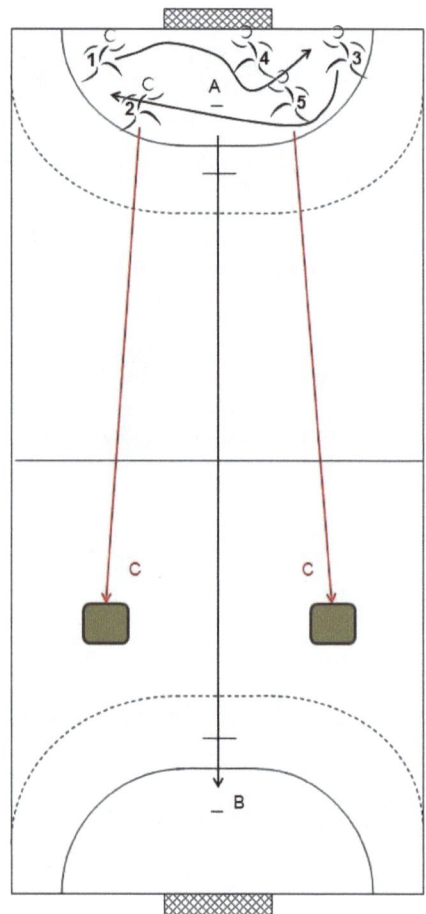

Nr. 5	**Mobilisierung des Gehirns mit Bällen**		6	
X Spiele zum Aufwärmen	Spiele mit Ball	Fangspiele	Sprintwettkämpfe	★★

Benötigt:
→ 2* 2-3 unterschiedlich farbige Softbälle

Grundaufbau:
- Alle Spieler stellen sich im Kreis auf

Übungsbild:

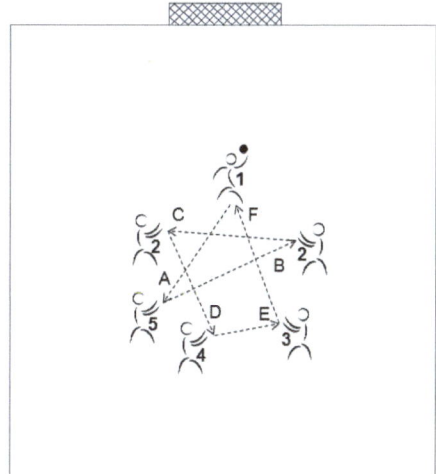

Ablauf:
- Die Spieler spielen sich den Softball im Kreis zu, so dass jeder Spieler den Ball einmal bekommt und merken sich dabei die Passreihenfolge (A bis F)
- Diese Passreihenfolge wird nun 2-3 Runden wiederholt. Beim Pass muss jeweils der Name des anzuspielenden Spielers angesagt werden
- Einen zweiten Softball (gleicher Farbe) ins Spiel bringen, der nach der gleichen Reihenfolge gepasst werden muss (Name weiter ansagen)

⚠ Abhängig von der Gruppengröße eventuell einen dritten/vierten Ball ins Spiel bringen

Variation:
- Ein anders farbiger Softball wird mit einer neuen Passreihenfolge durch den Kreis gespielt. Diese Reihenfolge ebenfalls merken. Dabei wird beim Pass immer der eigene Name angesagt.
- Einen zweiten/dritten Ball dieser Farbe ins Spiel bringen
- Die anderen farbigen Bälle mit der anderen Passreihenfolge zusätzlich ins Spiel bringen. Die verschieden farbigen Bälle werden jetzt gleichzeitig in der Gruppe gepasst, jeder Ball mit der entsprechenden Reihenfolge und Ansage (hohe Konzentration der Spieler gefordert)

⚠ Passfolge bei einer großen Ballanzahl immer nur eine kurze Zeit durchführen lassen. Die Spieler sollen dabei aber voll konzentriert zu Werke gehen

Nr. 6	Reaktionsspiel		6	
X Spiele zum Aufwärmen	Spiele mit Ball	Fangspiele	Sprintwettkämpfe	★

Benötigt:
→ Ca. 6 Schaumstoffbalken

Aufbau:
- Die Schaumstoffbalken werden außerhalb des definierten Spielfeldes (Linie (A)) ausgelegt. Es werden weniger Balken ausgelegt als Spieler bei der Übung mitmachen.

Übungsbild:

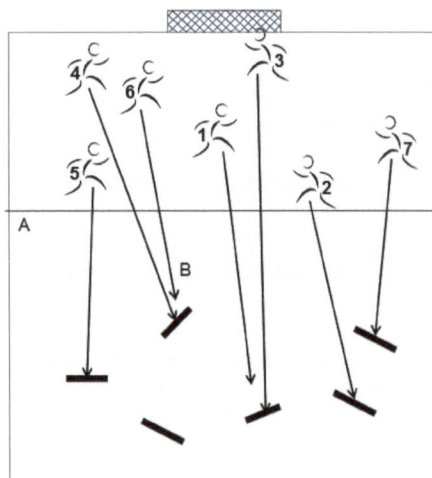

Ablauf:
- Die Spieler bewegen sich nach Vorgabe im Spielfeld (vorwärts, Sidesteps, Hopserlauf/ mit Armkreisen...)
- Auf Pfiff sprinten die Spieler (B) und stellen sich auf einen Schaumstoffbalken. Auf jedem Schaumstoffbalken kann nur ein Spieler stehen; anschließend ist der Balken besetzt
- Alle Spieler, die einen Balken ergattert haben, bekommen einen Punkt. Jeder Spieler zählt seine Punkte selbständig
- Usw.
- Am Ende machen die 3 Spieler mit den wenigsten Punkten eine zuvor festgelegte Strafe (Hampelmänner, Steigerungsläufe o.ä.)

⚠ Laufvorgabe immer wieder ändern

⚠ Anzahl der Balken und Lage der Balken variieren

DV Concept
Jörg Madinger
Fachverlag für Sport

Nr. 7		Abdrängungswettkampf		8	
X	Spiele zum Aufwärmen	Spiele mit Ball	Fangspiele	Sprintwettkämpfe	★

Benötigt:
→ Stoppuhr

Aufbau:
- Immer zwei Spieler (**1** und **2**) stehen in den beiden diagonalen Ecken des Feldes
- Alle anderen Spieler stehen zusammen in der Mitte der Feldes

Ablauf:
- Die zwei Spieler in den Ecken haben die Aufgabe, zusammenzufinden und sich zu berühren. Sie laufen im Feld aufeinander zu (A).
- Alle anderen Spieler versuchen, die beiden Spieler so lange wie möglich voneinander entfernt zu halten. Dabei arbeiten alle Abwehrspieler zusammen und versuchen, die Angreifer abzudrängen (B).
- Die Läufer dürfen nicht festgehalten werden, sondern dürfen nur alle mit dem Körper blockiert bzw. abgedrängt werden
- Der Trainer gibt das Startsignal und stoppt die Zeit, bis die zwei Spieler zusammengefunden haben. Welche Zweiergruppe ist am schnellsten?

Übungsbild:

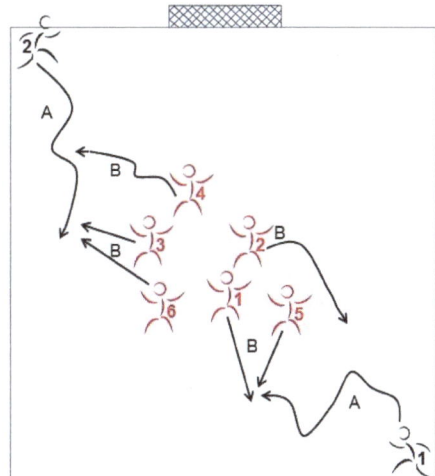

DV
Concept
Jörg Madinger
Fachverlag für Sport

Nr. 8		Medizinball abwerfen		6	
X	Spiele zum Aufwärmen	Spiele mit Ball	Fangspiele	Sprintwettkämpfe	☆

Benötigt:
→ 4-5 Medizinbälle, 4 Hütchen, jeder Spieler mit Ball

Aufbau:
- Es werden mit Hütchen zwei Linien markiert (oder vorhandene Linien definiert)
- Die Spieler werden in zwei Mannschaften aufgeteilt, jeder Spieler mit einem Ball
- Die Mannschaften stellen sich hinter den Linien auf (jede Mannschaft auf einer Seite)
- Zwischen den beiden definierten Linien werden in der Mitte Medizinbälle ausgelegt

Ablauf:
- Auf Signal starten beide Mannschaften und versuchen, durch gezielte Würfe auf die Medizinbälle, diese über die gegnerische Linie zu treiben
- Alle Spieler dürfen gleichzeitig auf beliebige Medizinbälle werfen
- Hat ein Medizinball mit gesamtem Umfang eine der Linien überrollt, darf er nicht mehr abgeworfen werden
- Welche Mannschaft hat es am Ende geschafft, mehr Medizinbälle ins Feld der Gegner zu treiben?

Übungsbild:

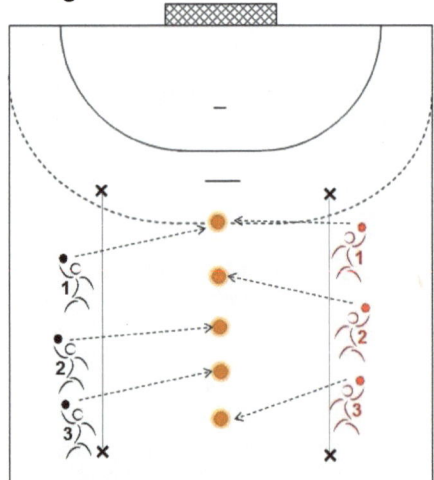

⚠ Den Abstand der Linien und damit den Abstand zu den Medizinbällen entsprechend dem Leistungsvermögen der Spieler variieren

Nr. 9	Geschicklichkeit auf der Turnbank		8	
X Spiele zum Aufwärmen		Spiele mit Ball	Fangspiele	Sprintwettkämpfe	★★

Benötigt:
➔ 1 Turnbank

Ablauf:

- Alle Spieler stellen sich nebeneinander auf die Turnbank. Je mehr Spieler auf der Turnbank stehen, umso schwieriger wird es
- Nun müssen in der Gruppe Vorgaben erfüllt werden:
  - eine Größenreihenfolge bilden, der größte steht rechts außen, immer kleiner werdend, bis links der kleinste Spieler steht
  - Länge der Haare, der Spieler mit den längsten Haaren auf der rechten Seite, immer kürzer werdend, bis zum Spieler mit den kürzesten Haaren, der ganz links steht
  - Schuhgröße
  - Entfernung des Wohnortes von der Halle
  - Alphabetisch nach Vor- oder Nachnamen
  - Usw.
- Die Spieler müssen so aneinander vorbeigehen, dass sie den Hallenboden nicht berühren. Sie sollen sich gegenseitig festhalten und beim Positionswechsel unterstützen

Variation:
- Die Positionswechsel erfolgen ohne zu reden. Die Spieler müssen sich ohne Sprache abstimmen

Übungsbild:

Nr. 10		Standard - Parteiball		6	
Spiele zum Aufwärmen	X	Spiele mit Ball	Fangspiele	Sprintwettkämpfe	★

Benötigt:
→ 1 Ball, 4 Hütchen, ein der Spieleranzahl angepasstes Spielfeld, 2 Mannschaften

Ablauf:
- Die ballführende Mannschaft spielt sich so den Ball zu, dass die abwehrende Mannschaft nicht an den Ball gelangt.
- Verschiedene Aufgaben können vorgegeben werden, die erzielt werden müssen:
- 10 Pässe, ohne dass die andere Mannschaft an den Ball kommt
- Jeder Spieler der Mannschaft muss den Ball min. einmal gepasst haben
- Pro erfüllter Aufgabe bekommt die Mannschaft einen Punkt und der Ballbesitz wechselt

Übungsbild:

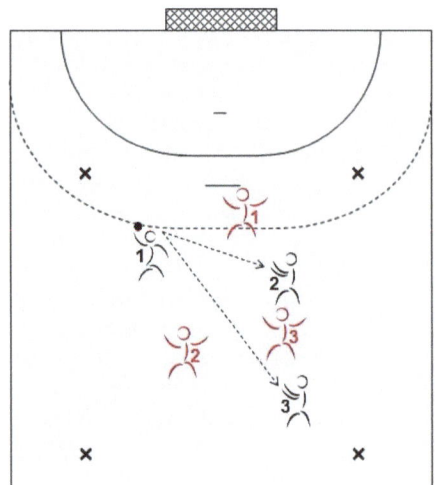

Achtung:
- Auf Manndeckung achten, jeder deckt einen Spieler der gegnerischen Mannschaft

Variationen:
- Kein Rückpass zu dem Spieler, von dem man eben selbst den Ball bekommen hat
- Pass mit der falschen Hand
- Mit/ohne Prellen

Nr. 11	Parteiball mit Zusatzlaufaufgabe		8	
Spiele zum Aufwärmen	X	Spiele mit Ball	Fangspiele	Sprintwettkämpfe	★★

Benötigt:
➜ Ein der Spieleranzahl angepasstes Spielfeld, 1 Ball, 2 Mannschaften

Ablauf:
Zwei Mannschaften spielen Parteiball (siehe Übung 10) im Feld.
- Nach jedem Pass (A) müssen die Spieler zuerst das Feld verlassen (B) bevor sie erneut angespielt werden dürfen
- Wenn die ballführende Mannschaft es schafft, 10 Pässe zu spielen, ohne dass der Ball von der anderen Mannschaft berührt wird, muss die Abwehr eventuell eine zuvor definierte „Strafaufgabe" (z.B. Sprint bis zur Mittellinie, Hampelmannbewegungen, Liegestützen) erfüllen
- Ohne Prellen

Übungsbild:

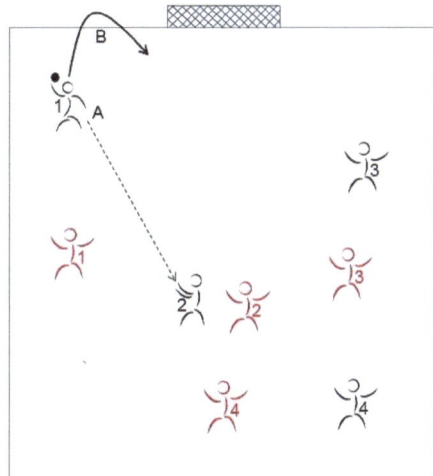

Variationen:
- Pass mit der falschen Hand

Zusatzaufgaben für die Spieler, die das Feld nach dem Pass verlassen (Bevor sie wieder angespielt werden):
- z.B. 5 Liegestützen
- Purzelbaum auf einer Matte
- Strecksprünge

Nr. 12	**Parteiball mit Matten**		8	
Spiele zum Aufwärmen	**X** Spiele mit Ball	Fangspiele	Sprintwettkämpfe	★

Benötigt:
→ Bei 4 gegen 4 werden 6 Matten benötigt (2 Matten mehr als Spieler je Mannschaft), 1 Ball, ein der Gruppengröße angepasstes Feld (z.B. halbe Halle), 2 Mannschaften

Ablauf:
- Ein Punkt wird erzielt, wenn ein auf der Matte stehender Mitspieler angespielt (A) wird.
- Berührt ein Gegenspieler die Matte (B), zählt der Punkt nicht und es wird weiter gespielt.
- Es darf geprellt werden

Übungsbild:

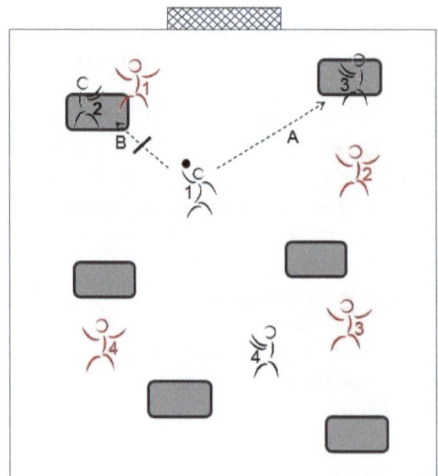

Aufgabe/Ziel:
- Die Angreifer versuchen, 10 Punkte zu erzielen. Schaffen sie es, müssen die Verteidiger z.B. 10 Liegestützen machen.
- Pass von Matte zu Matte ist nicht zulässig, es muss immer zuerst die Matte verlassen werden

Variationen:
- ohne Prellen
- kein Rückpass erlaubt
- Pass mit der falschen Hand

DV Concept
Jörg Madinger
Fachverlag für Sport

Nr. 13	Parteiball mit Spielverlagerung 1		8	
Spiele zum Aufwärmen	X	Spiele mit Ball	Fangspiele	Sprintwettkämpfe	★★

Benötigt:
→ Ein der Spieleranzahl angepasstes Spielfeld, das in vier gleich große Teilfelder unterteilt wird (z.B. mit Hütchen), 1 Ball, 2 Mannschaften

Ablauf:
Die beiden Mannschaften spielen Parteiball (siehe Übung 10) gegeneinander.
- Der Mitspieler, der angespielt werden soll, darf sich nicht im selben Teilfeld wie der Passgeber befinden, sondern er muss in einem der drei anderen Teilfelder stehen
- Ohne Prellen

Erlaubter Pass: (B)
Nicht erlaubter Pass: (A)

Übungsbild:

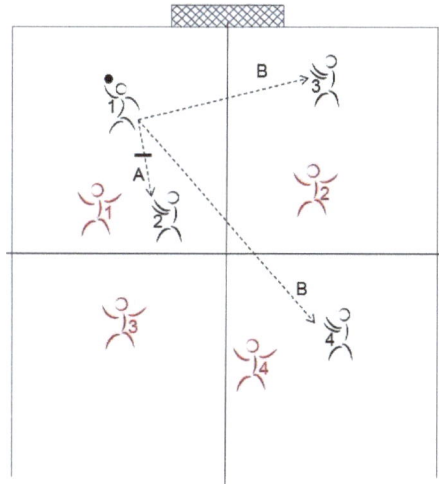

Aufgabe/Ziel:
- Die Angreifer versuchen, 10 Pässe zu spielen. Schaffen sie es, macht die Verlierermannschaft eventuell eine zuvor definierte „Strafaufgabe" (z.B. Sprint bis zur Mittellinie, Hampelmannbewegungen, Liegestützen)

Variationen:
- kein Rückpass erlaubt (bei größeren Gruppen)
- Pass mit der falschen Hand

Nr. 14	Parteiball mit Spielverlagerung 2		8	
Spiele zum Aufwärmen	**X** Spiele mit Ball	Fangspiele	Sprintwettkämpfe	★★

Benötigt:
→ Ein der Spieleranzahl angepasstes Spielfeld, das in vier gleich große Teilfelder unterteilt wird (z.B. mit Hütchen), 1 Ball, 2 Mannschaften

Ablauf:
Die beiden Mannschaften spielen Parteiball (siehe Übung 10) gegeneinander.

- Der ballführende Spieler 1 muss vor seinem Pass erst prellend das eigene Spielfeld verlassen (A und B), bevor er abspielen darf

Übungsbild:

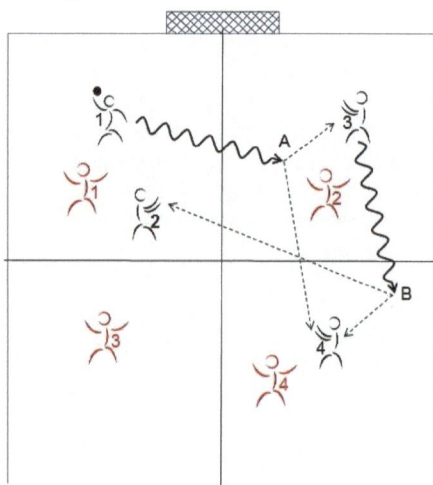

Aufgabe/Ziel:
- Die Angreifer versuchen, 10 Pässe zu spielen. Schaffen sie es, macht die Verlierermannschaft eventuell eine zuvor definierte „Strafaufgabe" (z.B. Sprint bis zur Mittellinie, Hampelmannbewegungen, Liegestützen)

Variationen:
- kein Rückpass erlaubt (bei größeren Gruppen)
- Pass mit der falschen Hand

DV
Concept
Jörg Madinger
Fachverlag für Sport

Nr. 15	Parteiball auf die vier Seitenauslinien		12	
Spiele zum Aufwärmen	X Spiele mit Ball	Fangspiele	Sprintwettkämpfe	★★

Benötigt:
→ 4 Mannschaften mit je 3 Spielern, 1 Ball, ein der Spieleranzahl angepasstes Spielfeld

Ablauf:
- Die Mannschaften spielen Parteiball gegeneinander
- Punkte werden erzielt, indem eine Mannschaft auf eine Auslinie (Feldbegrenzung) spielt und dahinter den Ball ablegt (A)
- Welche Mannschaft auf welche Auslinie spielt, wird während des Spielens herausgefunden. Wer zuerst hinter einer noch freien Linie den Ball ablegt, dem "gehört" diese Linie für die Dauer des Spiels
- Die Mannschaft, die den Ball abgelegt hat, muss den Ball für die anderen Mannschaften liegen lassen
- Ein Spieler einer anderen Mannschaften kann nun den Ball aufnehmen und mit seiner Mannschaft auf seine eigene Linie spielen
- Prellen ist erlaubt

Übungsbild:
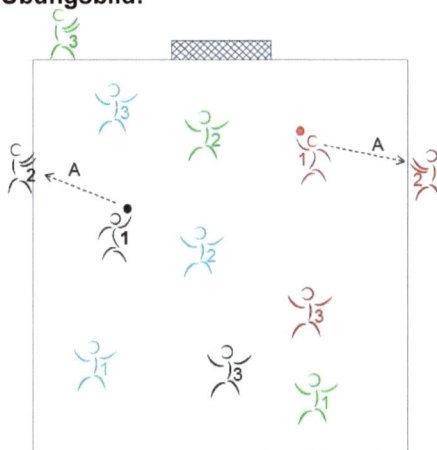

Aufgabe/Ziel:
- Schnelles Umschalten und Holen des Balls, um mit der eigenen Mannschaft wieder zum Erfolg zu kommen. Ständige Aufgabenveränderung.

Variationen:
- Pass mit der falschen Hand

Nr. 16		**Mattenball**		8	
Spiele zum Aufwärmen	X	Spiele mit Ball	Fangspiele	Sprintwettkämpfe	★

Benötigt:
→ 1 Ball, 2 dicke Weichbodenmatten

Ablauf:
- Die beiden Mannschaften spielen Parteiball mit dem Ziel, den Ball auf der Matte abzulegen (A)
- Jede Mannschaft verteidigt eine Matte

Variationen:
- Ohne Prellen
- Kein Rückpass zum selben Spieler
- Passvariationen (z.B. falsche Hand)
- Ein Punkt wird erzielt, wenn ein Spieler auf die Matte springt, den Ball in der Luft fängt und auf der Matte landet

Übungsbild:

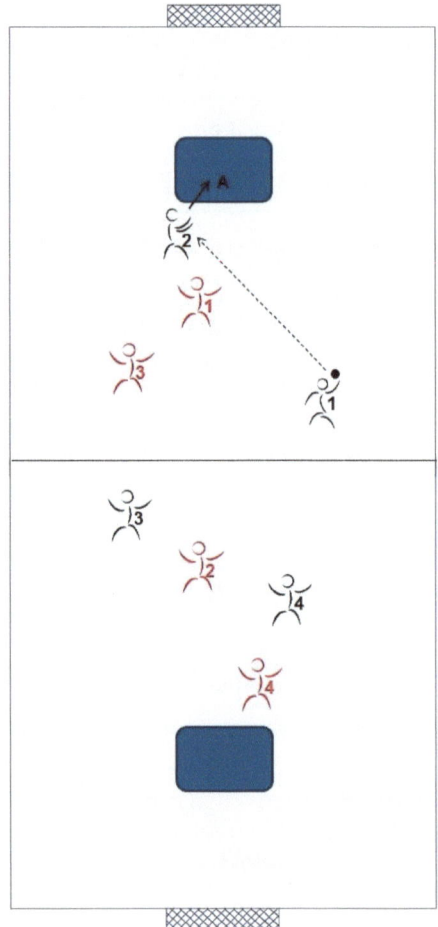

Nr. 17		Matten-Rugby			8	
Spiele zum Aufwärmen	X	Spiele mit Ball		Fangspiele	Sprintwettkämpfe	⭐

Benötigt:
→ 1 Ball, 2 dicke Weichbodenmatten

Ablauf:
Zwei Mannschaften spielen eine Rugby-Variante gegeneinander. Der Ball muss nach folgenden Regeln auf der Matte abgelegt werden:

- Ball darf nur nach hinten gespielt/gepasst werden
- Ohne Prellen, freies Laufen, es dürfen beliebig viele Schritte mit dem Ball in der Hand gemacht werden
- Jede Mannschaft verteidigt eine Matte

⚠ Die Abwehrspieler müssen sich gegenseitig helfen, nur gemeinsam kann ein Angreifer gestoppt werden.

⚠ Um die Fairness zu gewährleisten, können Regeln für die Abwehr definiert werden. Kein ziehen an Beinen, nur Druck gegen den Oberkörper, kein Anspringen von der Seite/von hinten

Übungsbild:

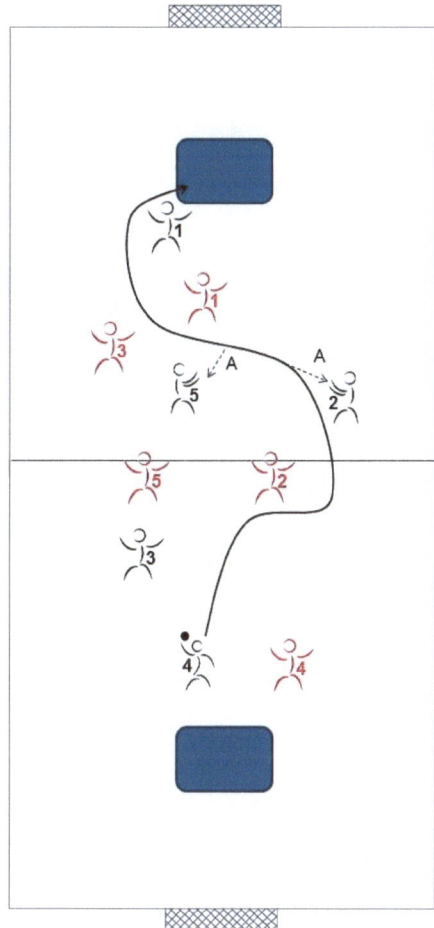

Nr. 18		Parteiball mit Kisten		8	
Spiele zum Aufwärmen	X	Spiele mit Ball	Fangspiele	Sprintwettkämpfe	★

Benötigt:

→ 1-2 Kisten mehr als die Spieleranzahl der einzelnen Mannschaft beträgt (im Beispiel: 4 Spieler und 5 Kisten), 1 Ball, ein der Spieleranzahl angepasstes Spielfeld

Ablauf:

- Zwei Mannschaften spielen Parteiball (siehe Übung 10) im Feld. Ein Punkt wird erzielt, wenn ein Spieler stehend auf einer der Kisten angespielt wird.

Achtung:

- Ein Spieler darf nicht länger als drei Sekunden auf einer Kiste stehen bleiben

Aufgabe/Ziel:

- Die Angreifer versuchen, 10 Punkte zu erzielen. Schaffen sie es, macht die Verlierermannschaft eventuell eine zuvor definierte „Strafaufgabe" (z.B. Sprint bis zur Mittellinie, Hampelmannbewegungen, Liegestützen)

Variationen:

- ohne Prellen
- Mit dem auf der Kiste stehenden Spieler muss ein Doppelpass gespielt werden (der Rückpass muss zum abspielenden Spieler zurück gespielt werden). Anforderung an den Spieler, der den Rückpass bekommt. Er muss sich nach dem Pass sofort wieder freilaufen, um den Ball bekommen zu können. Spiel wird deutlich schneller!

Übungsbild:

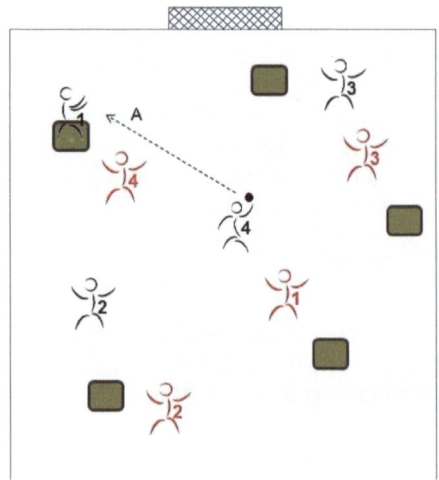

⚠ Schnelles Umschalten, wenn ein auf der Kiste stehender Spieler nicht angespielt werden kann

⚠ Bevor man den Ball gespielt bekommt, muss man schon die Weiterspielmöglichkeiten erkannt haben → Vorausschauendes Spielen

Nr. 19	Fußball gleichzeitig mit mehreren Teams	8	

Spiele zum Aufwärmen	X	Spiele mit Ball		Fangspiele		Sprintwettkämpfe	★★

Benötigt:
→ Je Mannschaft einen Fußball

Aufbau:
- Mannschaften zu je 2*2 Spielern bilden (**1** und **2** gegen **1** und **2**)

Ablauf:
- Immer zwei Mannschaften spielen Fußball gegeneinander (**1** und **2** gegen **1** und **2** sowie **3** und **4** gegen **3** und **4**)
- Tore werden gezählt
- Alle Spiele finden gleichzeitig statt

Spielzeit:
- 5 Minuten, danach macht die Verlierermannschaft eine zuvor definierte „Strafaufgabe" (z.B. Sprint bis zur Mittellinie, Hampelmannbewegungen, Liegestützen)
- Für die zweiten 5 Minuten spielen dann die jeweiligen Gewinner- und Verlierermannschaften gegeneinander

⚠ Da alle Mannschaften gleichzeitig auf dem gleichen Feld spielen, müssen sie sehr wachsam sein, um nicht zu kollidieren

Variation:
- Bei kleinerer Spielerzahl 1 gegen 1 spielen. Deutlich höhere Intensität!

Übungsbild:

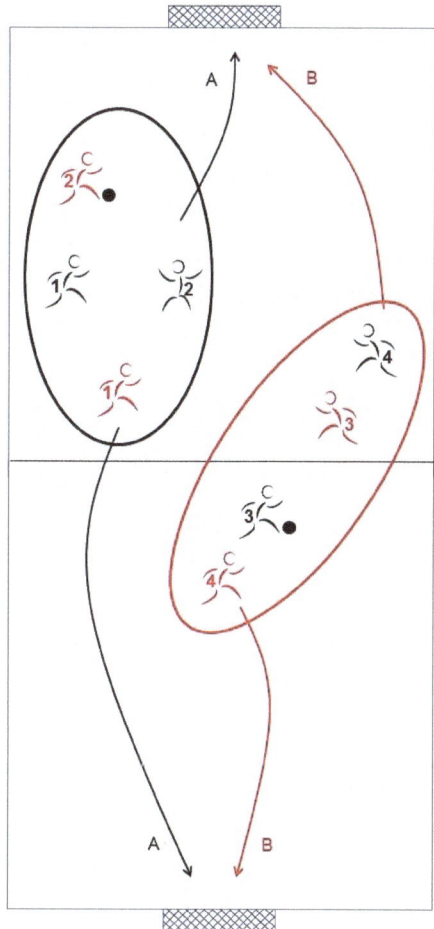

DV Concept
Jörg Madinger
Fachverlag für Sport

Nr. 20		2er Fußball		8	
Spiele zum Aufwärmen	X	Spiele mit Ball	Fangspiele	Sprintwettkämpfe	⭐

Benötigt:
→ 12 Hütchen, 1 Fußball

Aufbau: Übungsbild:
- Immer zwei Spieler halten sich an der Hand und dürfen sich nicht loslassen

Ablauf:

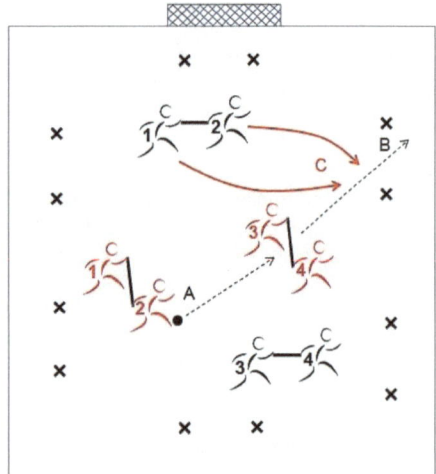

- **1 2** und **3 4** versuchen, den Ball durch eines der Hütchentore zu kicken (A und B)
- Gelingt ihnen ein Tor, dürfen sie direkt weiterspielen und weitere Tore erzielen. Dabei muss das Hütchentor nach jedem Schussversuch gewechselt werden
- **1 2** und **3 4** versuchen, den Ball zu erkämpfen und ebenfalls gemeinsam Tore zu erzielen (C)

- Die Mannschaft, die zuerst 5 (10) Tore erzielt hat, hat gewonnen. Die andere Mannschaft muss dann eine Zusatzaufgabe (Hampelmann, Liniensprints…) machen

DV
Concept
Jörg Madinger
Fachverlag für Sport

Nr. 21	„Gefährlicher" Balltransport		8	
Spiele zum Aufwärmen	**X** Spiele mit Ball	Fangspiele	Sprintwettkämpfe	⭐

Benötigt:
→ 2 Hütchen, 2 Ballkisten mit ausreichend Bällen, 2 Schaumstoffbälle

Aufbau:
→ Zwei Mannschaften
→ Ein Spieler je Mannschaft mit einem weichen Schaumstoffball

Übungsbild:

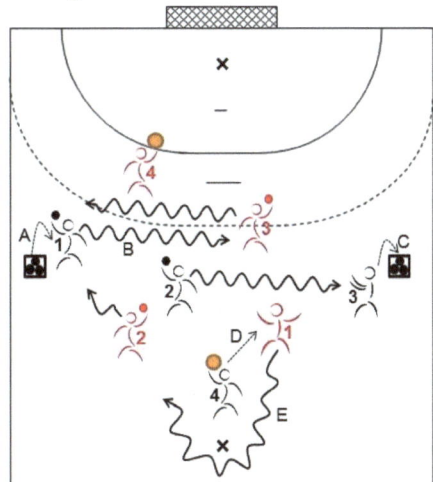

Ablauf:
- Jede Mannschaft versucht, in der vorgegebenen Zeit die Bälle aus der eigenen Kiste in die Kiste der Gegnermannschaft zu transportieren. Dafür nehmen die Spieler den Ball aus der eigenen Kiste (A), prellen zur gegnerischen Kiste (B) und legen den Ball dort hinein (C).
- Danach laufen die Spieler zurück zur eigenen Kiste und holen den nächsten Ball
- Ein Spieler jeder Mannschaft (hier 4 und 4) versucht, mit einem weichen Schaumstoffball die gegnerischen Spieler abzuwerfen (D). Wer abgeworfen wurde, muss den Umweg um eines der beiden Hütchen nehmen (E)
- Wer hat nach Ablauf der Zeit weniger Bälle in der eigenen Kiste?
- Es werden mehrere Durchgänge gespielt (3 mal 4 Minuten). Dabei wird der Spieler mit Schaumstoffball in jedem Durchgang gewechselt.

Variationen:
- Zwei oder mehr Spieler mit einem Schaumstoffball, die sich den Ball passen können und dann versuchen, einen prellenden Spieler der gegnerischen Mannschaft mit dem Ball zu berühren

Nr. 22		Eimerball		8	
Spiele zum Aufwärmen	X	Spiele mit Ball	Fangspiele	Sprintwettkämpfe	★

Benötigt:
→ 2 Eimer, 2 kleine Turnmatten, 2 Mannschaften, ein Ball (oder alternatives Spielgerät), ein der Spieleranzahl angepasstes Spielfeld

Aufbau:
- Die Matten werden auf zwei Seiten des Spielfeldes ausgelegt, ein Spieler der Mannschaft, die auf diese Matte angreift, steht auf der Matte mit einem Eimer in der Hand.

Ablauf:
- Die angreifende Mannschaft versucht, einen Punkt zu erzielen, indem der Ball in den Eimer geworfen wird (A und B). Der Spieler auf der Matte (1) kann dabei helfen, indem er den Ball mit dem Eimer fängt. Er darf sich nur auf der Matte bewegen.
- Die abwehrende Mannschaft versucht, den Wurf auf die Matte zu verhindern
- Nach jedem Punkt wechselt der Ballbesitz und der Spieler auf der Matte wird getauscht.

Übungsbild:

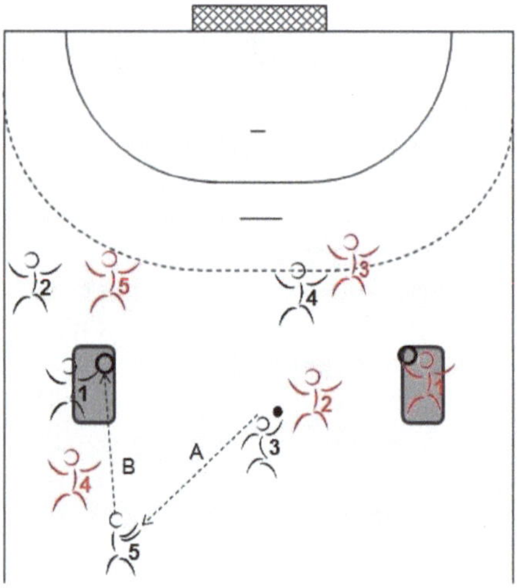

Variationen:
- ohne Prellen
- das Spiel eignet sich für alternative Spielgeräte (Kirschkernsäckchen oder kleine Jonglierbälle)
- Anstatt eines Eimers hat der Spieler auf der Matte einen Reifen in der Hand, durch den der Ball zu einem Mitspieler gepasst werden muss.

Nr. 23		**Blindes Werfen über Matten**		10	
Spiele zum Aufwärmen	X	Spiele mit Ball	Fangspiele	Sprintwettkämpfe	★

Benötigt:
→ 3 Weichbodenmatten, 2 Turnbarren

Grundaufbau:
- 2 Turnbarren so auf die Mittellinie stellen, dass die drei Weichbodenmatten reingeschoben werden können und halten
- Die drei Weichbodenmatten dienen als Blickschutz, so dass sich die beiden Mannschaften nicht sehen können
- Zwei Spielfelder wie im Bild zu sehen definieren (optimal ist, vorhandene Linien/Spielfelder zu nehmen)

Übungsbild:

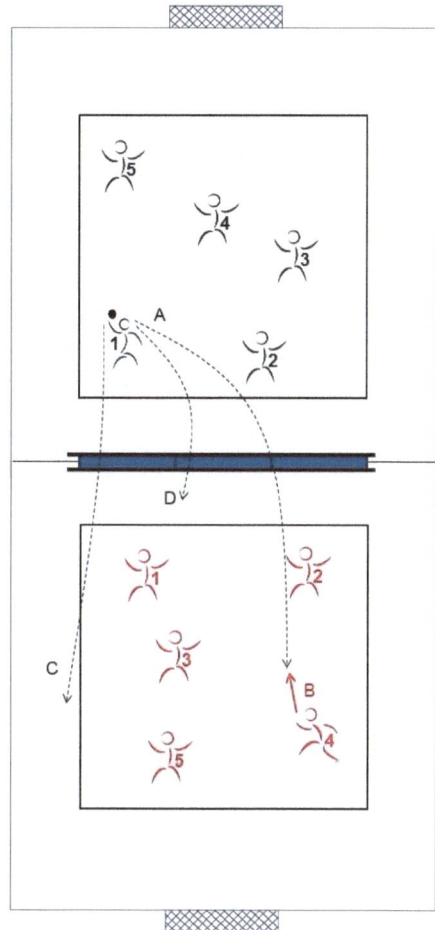

Ablauf:
- Die Mannschaften werfen im Wechsel den Ball über die Mattenwand (A). Dabei müssen immer beide Beine auf dem Boden bleiben, es darf also beim Werfen nicht gesprungen werden!
- Die Mannschaft auf der anderen Seite muss nun versuchen, den Ball zu fangen, bevor er den Boden berührt (B)
- Gelingt es der Mannschaft nicht, den Ball vor dem Boden zu fangen, bekommt die werfende Mannschaft einen Punkt
- Geht der Ball ins Aus (C) oder wird zu kurz geworfen (D), bekommt die in diesem Moment fangende Mannschaft einen Punkt
- Welche Mannschaft hat zuerst 15 Punkte?

DV
Concept
Jörg Madinger
Fachverlag für Sport

Nr. 24		Stern-Fang-Lauf			6 (12)	
Spiele zum Aufwärmen		Spiele mit Ball	X	Fangspiele	Sprintwettkämpfe	⭐

Benötigt:

→ 6 Hütchen, zwei der Spieleranzahl angepasste Spielfelder

Ablauf:

Die Spieler verteilen sich gleichmäßig auf die beiden Spielfelder, hier im Beispiel jeweils sechs Spieler pro Feld

- 1, 2, 3 und 4 legen sich bäuchlings auf den Boden (Sternform, mit Blickrichtung in die Mitte)

- 2 ist Fänger (B)

- 1 versucht durch schnelles Hakenschlagen zu verhindern, dass 2 ihn fängt (A)

- Wenn 1 einen liegenden Spieler (z. Bsp. 1) überspringt (C), wird dieser zum neuen Fänger und muss versuchen, 2 zu fangen (D). 1 legt sich sofort an die Stelle von 1

- Sollte es einem Fänger (2) gelingen, den weglaufenden Spieler (1) zu fangen, bevor dieser einen Spieler überspringt (z. Bsp. 1), wechseln die Rollen und der Gejagte wird zum Fänger.

- Die Gruppe im anderen Feld macht den gleichen Ablauf

Übungsbild:

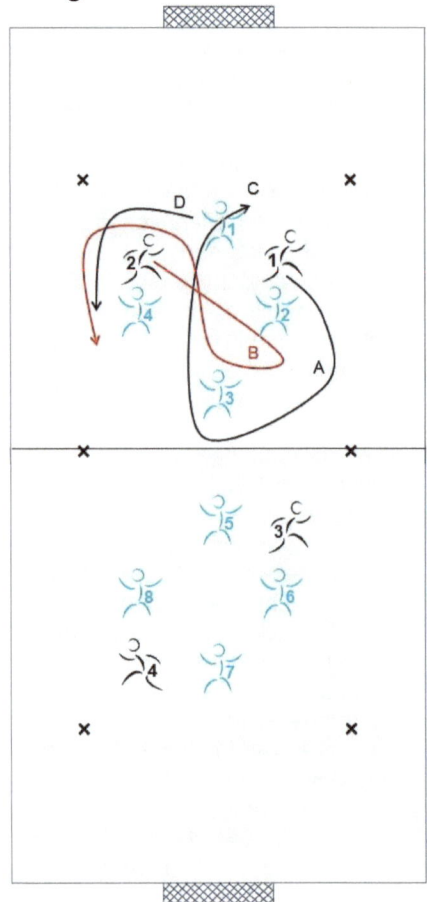

⚠️ Die Gruppen nicht zu groß wählen, da sonst eine zu lange Zeit vergeht, bis die einzelnen Spieler „an der Reihe" sind

⚠️ Sofortiges Umschalten zwischen Liegen, Fangen und Gefangen werden einfordern (kurze Reaktionszeit, ständig wechselnde Aufgaben)

Nr. 25		Befreiungsfangen			8	
Spiele zum Aufwärmen		Spiele mit Ball	X	Fangspiele	Sprintwettkämpfe	★

Ablauf:

- Alle Spieler bewegen sich innerhalb einer Hallenhälfte. 2-3 Spieler sind Fänger.
- Die Fänger versuchen, die anderen Spieler zu berühren (A)
- Wird ein Spieler berührt, bleibt er stehen
- Ein Spieler kann befreit werden, indem ein noch nicht gefangener Spieler durch seine Beine krabbelt (B)
- Wenn alle Spieler gefangen sind, wird ein neues Fängerteam gebildet
- Welches Fängerteam schafft es am schnellsten, alle Spieler zu fangen?

Variationen:

- Ein Spieler wird befreit, wenn ein anderer einen Bocksprung über ihn macht

Übungsbild:

Nr. 26		**Ballhalterfangen**		8	
Spiele zum Aufwärmen		Spiele mit Ball	**X** Fangspiele	Sprintwettkämpfe	★★

Benötigt:
→ 4 Hütchen, 1 Ball, Leibchen zur Markierung

Aufbau:
- Mit 4 Hütchen ein geeignetes Feld markieren
- 2 Spieler sind zu Beginn Fänger, alle anderen werden gekennzeichnet (z. Bsp. durch ein Leibchen, das in der Hand gehalten wird)

Übungsbild:

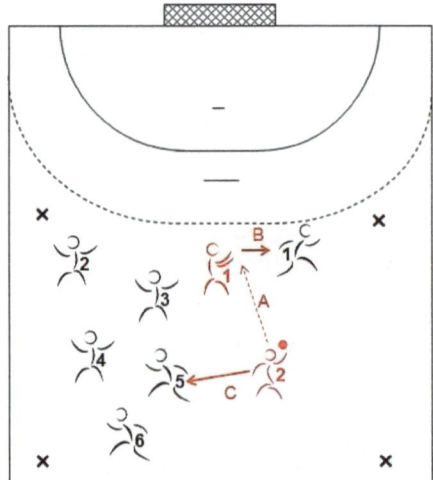

Ablauf:
- Die Spieler verteilen sich im Feld
- Die beiden Fänger (im Bild 1 und 2) passen sich einen Ball (A) hin und her. Sie versuchen dabei, die anderen Spieler zu fangen, indem der Ballhalter sie mit der freien Hand berührt (B).
- Nur der Ballhalter darf einen Spieler fangen (B). Er darf maximal drei Schritte mit Ball machen und nicht prellen.
- Der Fänger ohne Ball darf nicht selbst fangen, er soll sich durch geschicktes Laufen so in Position bringen, dass er einen anderen Spieler berühren kann, sobald er den Ball bekommt (C).
- Ein Spieler, der berührt wurde, wird zum zusätzlichen Fänger.
- Es wird so lange gespielt, bis alle Spieler gefangen sind, dann werden zwei neue Spieler als Fänger festgelegt.

⚠ Die zu fangenden Spieler sollen den Ball nicht heraus fangen, sondern durch geschicktes Laufen verhindern, gefangen zu werden

⚠ Durch ein kleineres Feld oder eine größere Anzahl Fänger zu Beginn wird die Aufgabe für die Fänger erleichtert

DV
Concept
Jörg Madinger
Fachverlag für Sport

Nr. 27		**Geschützter Ballhalter**		9	
Spiele zum Aufwärmen		Spiele mit Ball	**X** Fangspiele	Sprintwettkämpfe	★★★

Benötigt:
→ 1 Ball

Ablauf:
- Zwei Fänger versuchen, die anderen Spieler zu fangen (A).
- Der Spieler, der gerade den Ball hat und der Spieler, der ihn als letztes hatte, dürfen nicht gefangen werden.
- Die Gruppe der gejagten Spieler muss somit den Ball immer zu dem Spieler spielen, der gerade in Gefahr ist, gefangen zu werden (B)
- Wird ein Spieler gefangen, tauscht er einen der Fänger aus.

⚠ Es müssen so viele Bälle wie Fänger im Spiel sein

⚠ Die Fänger kennzeichnen (z. Bsp. durch ein Leibchen in der Hand)

Übungsbild:

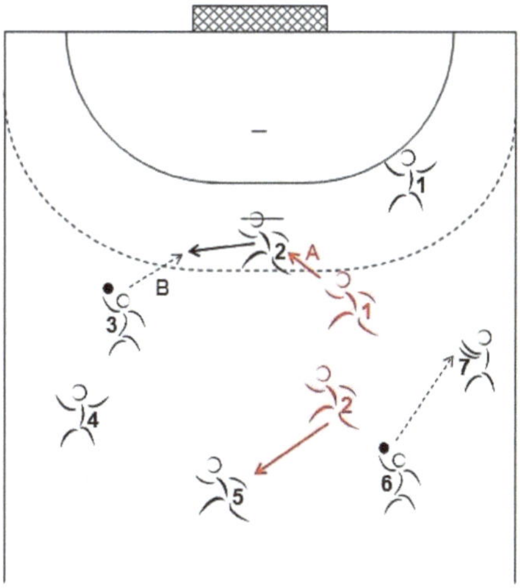

Nr. 28		Augen auf und los geht's			6	
Spiele zum Aufwärmen		Spiele mit Ball	X	Fangspiele	Sprintwettkämpfe	★

Ablauf:
- Alle Spieler verteilen sich in einer Hallenhälfte und machen die Augen zu
- Der Trainer läuft nun durch die Halle (B) und berührt 1-3 Spieler (abhängig von der Spieleranzahl) an der Schulter (A). Die berührten Spieler werden dann später zum Fänger
- Zum Schluss läuft der Trainer irgendwo an den Rand (C) und Klatscht in die Hände, das ist jetzt das Signal für alle Spieler, die Augen zu öffnen
- Die zuvor an der Schulter berührten versuchen nun, so schnell wie möglich alle anderen Spieler durch berühren zu fangen
- Wie lange dauert es, bis alle Spieler gefangen wurden?

Übungsbild:

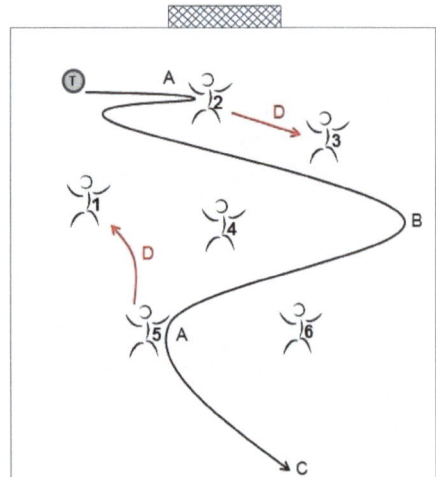

Nr. 29		Mattenfangen			12	
Spiele zum Aufwärmen		Spiele mit Ball	X	Fangspiele	Sprintwettkämpfe	★★

Benötigt:

→ 4 dünne Turnmatten

Ablauf:

- 2-3 Spieler (**1** und **2**) werden als Fänger bestimmt
- Auf Kommando versuchen die Fänger die anderen Spieler durch berühren zu fangen. (A und B)
- Die gefangenen Spieler müssen nach der Berührung sofort stehen bleiben
- Gefangene Spieler können wieder befreit werden, indem sie von zwei anderen Spielern auf eine Matte getragen werden (C). Solange ein Spieler getragen wird, dürfen diese drei Spieler nicht abgeschlagen werden. Sie dürfen allerdings nicht länger als 10 Sekunden für den Transport benötigen

Übungsbild:

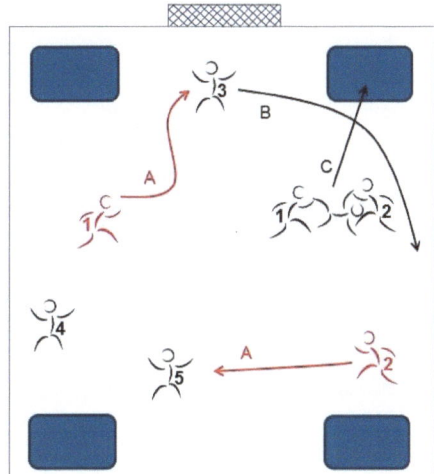

Nr. 30	Mannschaftsfangen, wer ist schneller?		12	
Spiele zum Aufwärmen		Spiele mit Ball	X Fangspiele	Sprintwettkämpfe ⭐⭐

Grundaufbau:
- 2 Mannschaften bilden
- „Spielfeldbegrenzung" ist die Mittellinie

Ablauf:
- Auf Kommando startet je Mannschaft ein Spieler (🏃1 und 1🏃), überläuft die Mittellinie (A) und versucht, einen Spieler der anderen Mannschaft abzuschlagen (B)
- Gelingt das Abschlagen (C), läuft 🏃1 sofort zurück über die Mittellinie und seine Mannschaft bekommt einen Punkt. Jetzt darf ein anderer Spieler seiner Mannschaft (🏃3) ebenfalls über die Mittellinie laufen, mit dem Ziel, so schnell wie möglich einen Spieler abzuschlagen (D)

Aufgabenstellungen:
- Welche Mannschaft schafft innerhalb 2 Minuten mehr Punkte
- Jeder Spieler einer Mannschaft muss 2* einen Spieler abschlagen (zwischen den Beiden „Fangaktionen", muss er einmal über die Mittellinie laufen)

⚠ Befindet sich 🏃1 in der „gegnerischen" Hälfte und ist dabei, einen Spieler abzuschlagen, darf er von 1🏃 nicht abgeschlagen werden. Spieler dürfen nur abgeschlagen werden, wenn sie sich in ihrer eigenen Hälfte befinden (nicht in der gegnerischen)

Übungsbild:

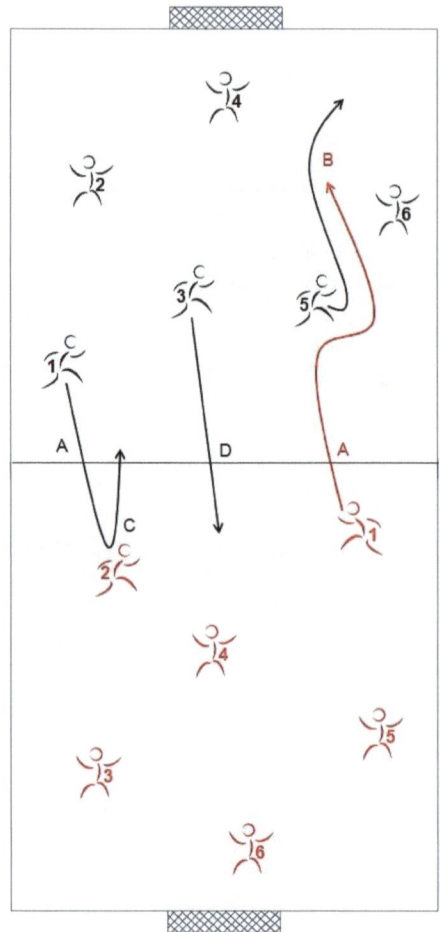

⚠ es darf immer nur ein Spieler je Mannschaft über die Mittellinie gehen. Sollten zwei Spieler über der Mittellinie sein, gibt es keinen Punkt beim Fangen!

DV Concept
Jörg Madinger
Fachverlag für Sport

Nr. 31		Kettenfangen			14	
Spiele zum Aufwärmen		Spiele mit Ball	X	Fangspiele	Sprintwettkämpfe	★

Ablauf:

- Auf Kommando startet 1 und fängt durch Abschlagen (A) z.B. 1 (B). Die beiden Spieler nehmen sich an der Hand und fangen als Zweiergruppe einen 3. Spieler
- Gelingt das Abschlagen, werden die abgeschlagenen Spieler an die Hand genommen und die Spieler müssen Hand in Hand (2 3 4) weitere Spieler abschlagen (C)
- Ab einer Kettengröße von 6 Spielern wird diese geteilt und 2 Dreiergruppen fangen solange weiter, bis alle Spieler abgeschlagen wurden

Variationen:

- Die Kette teilt sich nicht, alle abgeschlagenen Spieler fassen sich zu einer langen Kette an die Hände
- Kettengröße variieren (3er, 4er, 5er Größe)

Übungsbild:

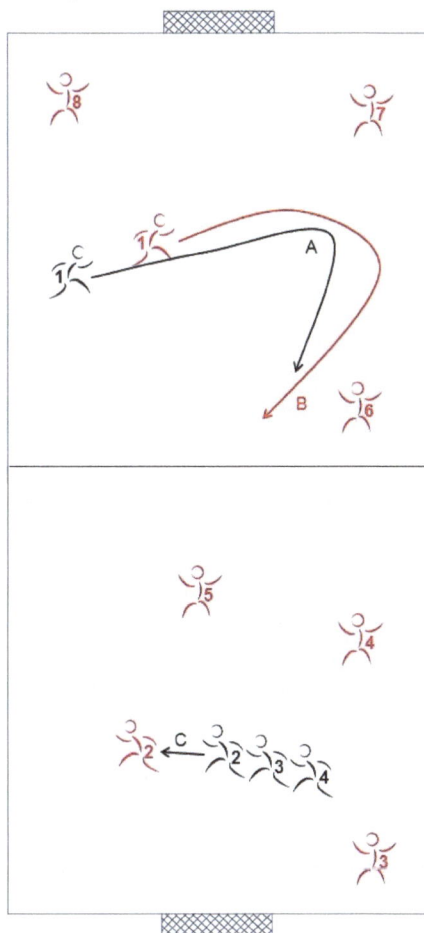

Nr. 32		Hütchenstaffel		6	
Spiele zum Aufwärmen		Spiele mit Ball	Fangspiele	X	Sprintwettkämpfe	⭐

Benötigt:
→ 12 Hütchen (eventuell Bälle)

Ablauf:

- **1** und **1** starten gleichzeitig auf Kommando und sprinten
- Jeweils zum ersten Hütchen und umlaufen es einmal komplett, wobei die Blickrichtung immer gleich bleibt!
- Dann zum nächsten Hütchen usw.
- Um das vierte Hütchen rum und dann vorwärts (Blickrichtung zur eigenen Gruppe) wieder zurück und den nächsten Spieler abklatschen, der dann startet
- usw.

Verlierermannschaft muss z.B. eine zuvor definierte Strafe ausführen

Variationen:
- Blickrichtung ändern (Site-Steps)
- Einen Ball dabei prellen / mit dem Fuß führen

Übungsbild:

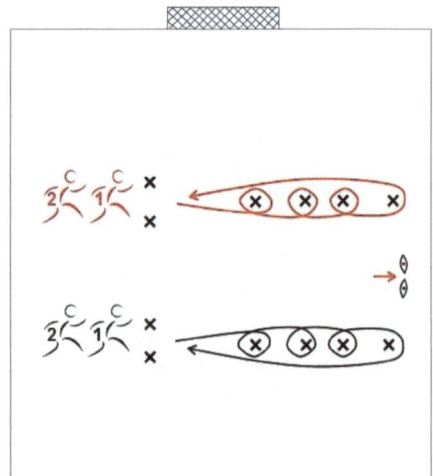

DV
Concept
Jörg Madinger
Fachverlag für Sport

Nr. 33		Slalomstaffel			6	
Spiele zum Aufwärmen		Spiele mit Ball	Fangspiele	X	Sprintwettkämpfe	★★

Benötigt:
→ 12 Hütchen, 2 Bälle

Ablauf:

- **1** und **1** starten gleichzeitig auf Kommando
- Jeder Läufer macht den Parcours 3* hintereinander
- Durchgang 1: der Ball wird mit dem Fuß durch die Hütchen im Slalom durchgespielt. Nach dem letzten Hütchen gerade wieder zurück, danach folgt sofort
- Durchgang 2: Der Läufer nimmt den Ball auf und durchprellt den Parcours im Slalom. Nach dem letzten Hütchen gerade wieder zurück, danach folgt sofort
- Durchgang 3: Der Läufer legt den Ball weg und durchsprintet den Parcours im Slalom. Nach dem letzten Hütchen gerade wieder zurück und den nächsten Läufer abklatschen

Verlierermannschaft muss z.B. eine zuvor definierte Strafe ausführen

Übungsbild:

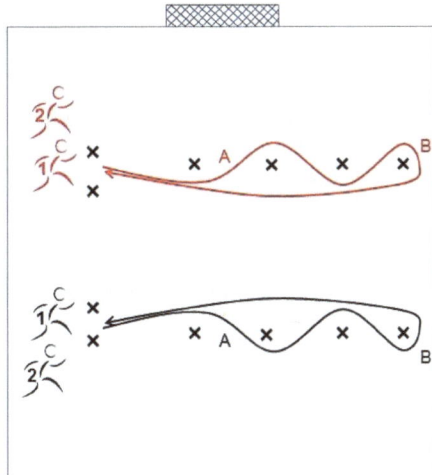

Nr. 34		**Pendelstaffel**		6	
Spiele zum Aufwärmen		Spiele mit Ball	Fangspiele	X Sprintwettkämpfe	⭐

Benötigt:
→ 12 Hütchen, 8 Bälle

Ablauf:

Übungsbild:

- 🏃 und 🏃 starten gleichzeitig auf Kommando
- Der Läufer transportiert einen Ball zum ersten Hütchen und legt ihn dort ab. Danach sprintet er zurück zum Start und holt den nächsten Ball. Dieser wird beim zweiten Hütchen abgelegt. Usw., bis bei allen vier Hütchen je ein Ball liegt
- Dann zurück und den nächsten Läufer abschlagen, der die Bälle in der gleichen Reihenfolge wie oben wieder einsammelt
- Der nächste Läufer bringt die Bälle dann wieder zu den Hütchen usw.

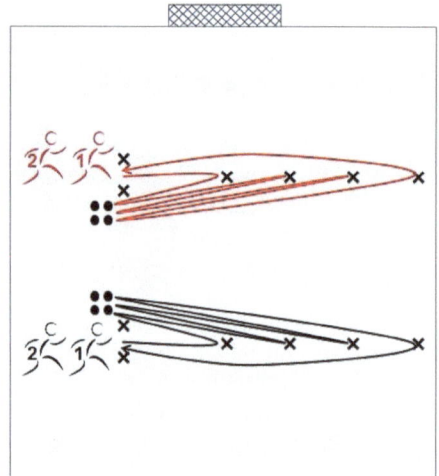

Verlierermannschaft muss z.B. eine zuvor definierte Strafe ausführen

Variationen:
- Bälle dabei prellen
- Site-Step Bewegung (bei jedem Ball die Richtung ändern)

⚠️ Darauf achten, dass die Bälle beim Ablegen nicht wegrollen (Spieler muss sonst noch einmal zurück und den Ball „sauber" hinlegen)

DV Concept
Jörg Madinger
Fachverlag für Sport

Nr. 35		Staffel mit Kreuzung			6	
Spiele zum Aufwärmen		Spiele mit Ball	Fangspiele	X	Sprintwettkämpfe	★

Benötigt:

→ 4 Hütchen

Ablauf:

- **1** und **1** laufen auf Kommando gleichzeitig los und sprinten
- Zum diagonalen Hütchen, umrunden es (A)
- Zurück und den nächsten Spieler abklatschen

⚠ Beide Spieler müssen sich in der Mitte (B) „abstimmen"

Verlierermannschaft muss z.B. eine zuvor definierte Strafe ausführen

Übungsbild:

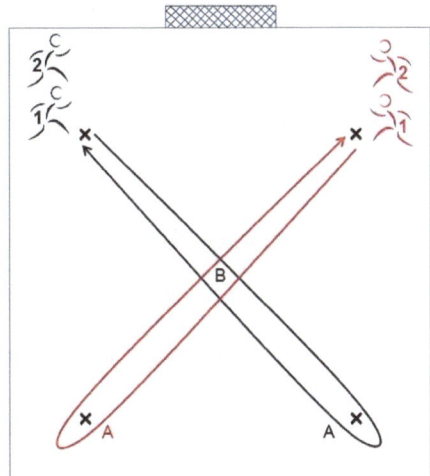

Spielen im Sport mit Spaß
Wettkampfspiele in der Sporthalle mit und ohne Ball

DV\
Concept
Jörg Madinger
Fachverlag für Sport

Nr. 36	Sprint nach Ansage		6	
Spiele zum Aufwärmen	Spiele mit Ball	Fangspiele	X Sprintwettkämpfe	⭐

Benötigt:
→ 1 Linie ca. 10-15 Meter von der Grundlinie entfernt (als Ziellinie)

Aufbau:
- Alle Spieler setzen sich mit Blickrichtung zum Trainer auf eine Linie und werden durchnummeriert (hier im Beispiel 1-6)

Ablauf:
- Es müssen immer die Spieler bis zur definierten Ziellinie sprinten, auf die die vom Trainer gerufene Aussage zutrifft:
- Alle Spieler mit Puma (Adidas,…) Schuhen
- Alle Spieler mit einer geraden (ungeraden) Nummer
- Alle Spieler mit einer Primzahl (2, 3, 5, 7, 11,…) als Nummer
- Alle Spieler mit Nummern, die im Produkt irgendwie 8 ergeben (1*8, 2*4 = Spieler 1, 2, 4 und 8 müssen laufen)
- Alle Spieler, die im ersten Halbjahr Geburtstag haben
- usw.

Übungsbild:

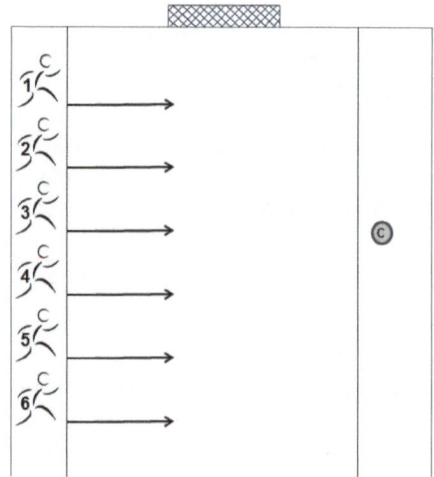

⚠ Vorher definieren, dass z.B. immer die letzten beiden, die beim Sprint über die Linie laufen z.B. eine zuvor definierte „Strafaufgabe" (z.B. Hampelmannbewegungen, Liegestützen, usw.) machen müssen

⚠ Spieler, die laufen, obwohl die Aussage auf sie nicht zutrifft, (z.B. 6 läuft bei den Primzahlen) müssen ebenfalls eine „Strafaufgabe" absolvieren

⚠ genauso wie Spieler, die nicht laufen, obwohl die Aussage auf sie zutrifft

Nr. 37	Sprintwettkampf mit Zahlenaufgaben		6	
Spiele zum Aufwärmen	Spiele mit Ball	Fangspiele	X Sprintwettkämpfe	☆

Benötigt:
→ 10 Hütchen

Ablauf:
- Hütchen wie abgebildet aufstellen und jeweils mit einer Zahl benennen.
- Beide Spieler (und) starten immer gleichzeitig und laufen mit lockerem Tempo an der Hütchenreihe entlang.

Aufgabenstellungen:
- Der Trainer sagt irgendwann (während die beiden Spieler an den Hütchen entlang laufen) eine Zahl (1 bis 5). Beide Spieler müssen nun jeweils zum richtigen Hütchen in der eigenen Reihe laufen, das Hütchen berühren und dann wieder zurück über die Linie sprinten
- Danach startet das nächste Paar
- Beide Spieler starten wieder. Jedoch sagt der Trainer nun eine zweistellige Zahl. Die Zehner-Ziffer ist zuerst anzulaufen, dann die Einer-Ziffer und danach wieder zurück über die Linie sprinten (z.B. 14, zuerst die 1, dann die 4 anlaufen)
- Beide Spieler starten wieder. Der Trainer sagt wieder eine zweistellige Zahl. Die Zehner-Ziffer ist in der eigenen Reihe, die Einer-Ziffer danach in der anderen Reihe anzulaufen und danach wieder zurück zur Linie sprinten

Übungsbild:

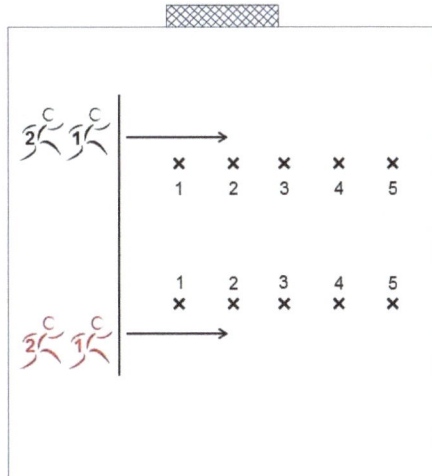

Grundablauf
- 2-3 Durchläufe je Spieler
- Paare immer neu zusammenstellen

Die Verlierermannschaft macht eventuell eine zuvor definierte „Strafaufgabe" (z.B. Sprint bis zur Mittellinie, Hampelmannbewegungen, Liegestützen)

Nr. 38		Transportstaffel				6	
Spiele zum Aufwärmen		Spiele mit Ball		Fangspiele	X	Sprintwettkämpfe	★

Benötigt:

→ 2 Medizinbälle, 2 Handbälle, 2 kleine Turnkisten, 4 Hütchen

Ablauf 1. Durchgang:

- 🏃**1** und 🏃**1** nehmen je einen Medizinball und halten ihn mit ausgestreckten Armen über den Kopf
- Auf Kommando starten beide, laufen zu ihrer kleinen Turnkiste (Ballkiste) und legen den Medizinall dort hinein (A)
- Ohne Ball umlaufen (B) sie das Hütchen (ohne sich gegenseitig über den Haufen zu rennen) und holen ihren Ball wieder
- Der Medizinball wird wieder mit ausgestreckten Armen zum Ziel zurück getragen (C) und dort dem nächsten Spieler übergeben
- usw. bis alle einmal gelaufen sind

Ablauf 2. Durchgang:

Jeder Spieler läuft zwei Runden hintereinander:
1. Runde:
- Ablauf wie oben
2. Runde:
- Der zurückkommende Spieler übergibt den Medizinball und bekommt dafür einen Handball. Diesen klemmt er sich zwischen die Knie und hüpft (A) damit zur Ballkiste und legt ihn hinein.
- Danach wieder das Hütchen umlaufen, den Ball wieder zwischen die Knie klemmen und zurück hüpfen
- usw. bis alle Spieler einmal gelaufen sind.

Übungsbild:

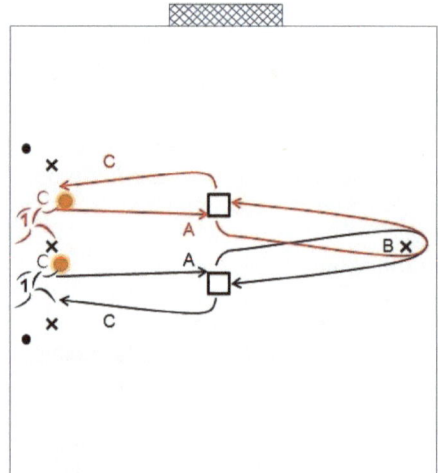

Die Verlierermannschaft macht eventuell eine zuvor definierte „Strafaufgabe" (z.B. Sprint bis zur Mittellinie, Hampelmannbewegungen, Liegestützen)

⚠ Wenn der Ball auf den Boden fällt, muss der Spieler an den Punkt zurück, an dem er ihn verloren hat und von dort aus weitermachen

⚠ Auf ausgestreckte Arme beim Tragen des Medizinballs achten

DV
Concept
Jörg Madinger
Fachverlag für Sport

Nr. 39	**Sprintwettkampf mit Karten**		6	
Spiele zum Aufwärmen	Spiele mit Ball	Fangspiele	X Sprintwettkämpfe	⭐

Benötigt:
→ 1 großer Turnkasten, 1 Kartenspiel

Aufbau:
- Der Turnkasten wird in die Mitte des Spielfeldes gestellt
- Alle Spieler stellen sich in zwei Reihen an die obere und untere Ecke des großen Turnkastens
- Der Trainer bildet aus den Karten zwei Stapel (linker Stapel für die Reihe von Spieler, rechter Stapel für die Reihe von Spieler) und legt sie vor sich hin

Ablauf:
- Der Trainer deckt von jedem Stapel je eine Karte auf
- Der Spieler, der die höhere Karte hat, wird zum Fänger (A). Der Spieler mit der niedrigeren Karte muss versuchen, auf geradem Wege über eine definierte Linie auf seiner Spielhälfte zu laufen, ohne vom Fänger berührt zu werden (B). Er bekommt einen Punkt.
- Die Verlierermannschaft macht eventuell eine zuvor definierte „Strafaufgabe" (z.B. Sprint bis zur Mittellinie, Hampelmannbewegungen, Liegestützen)

⚠ Die Pärchen nach jedem Durchgang neu zusammenstellen

⚠ Der Abstand zwischen den beiden Spielern muss so groß sein, dass sie sich nicht schon im Stand berühren/abschlagen können

Übungsbild:

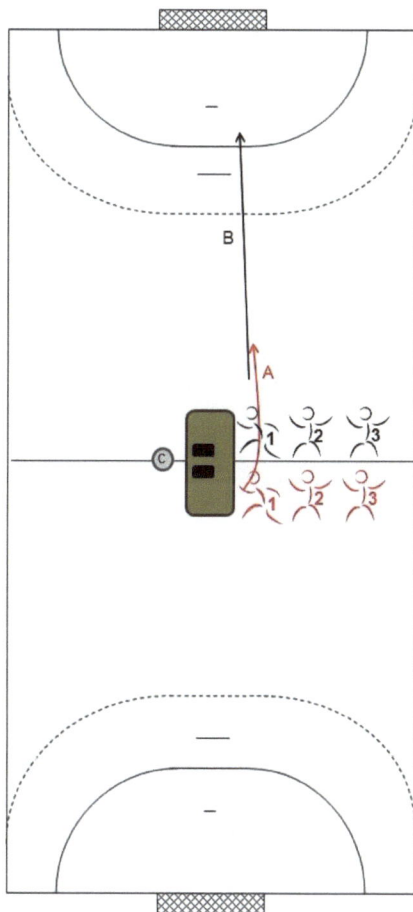

DV
Concept
Jörg Madinger
Fachverlag für Sport

Nr. 40		Verfolgungs-Wettkampf			6	
Spiele zum Aufwärmen		Spiele mit Ball	Fangspiele	X	Sprintwettkämpfe	⭐

Benötigt:
→ 2 Hütchen

Ablauf:

- Der Angreifer 🏃‍♂️**1** läuft auf seinen Partner 🏃‍♂️**1** auf der anderen Seite zu

- 🏃‍♂️**1** steht ca. 10-15 Meter entfernt auf der anderen Seite und streckt eine Hand nach vorne

- 🏃‍♂️**1** läuft (A) zu 🏃‍♂️**1** und schlägt ihm in die Hand, das ist das Signal. Jetzt versucht 🏃‍♂️**1** den Angreifer 🏃‍♂️**1** zu fangen/berühren (B), bevor er wieder über seine Startlinie gelaufen ist.

⚠️ Die Angreifer sollen ihre Anlaufgeschwindigkeit verändern, bzw. den Zeitpunkt des Einschlagens in die Hand verzögern/variieren

Übungsbild:

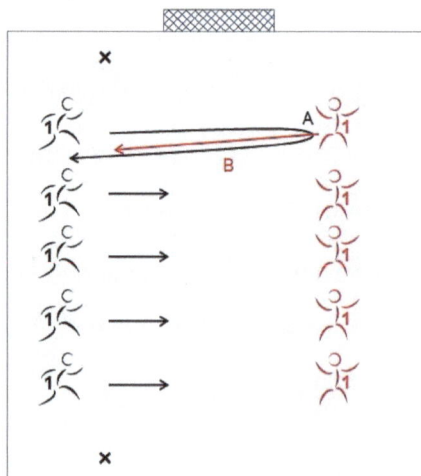

Nr. 41		Sprint Memory				6	
Spiele zum Aufwärmen		Spiele mit Ball		Fangspiele	X	Sprintwettkämpfe	★

Benötigt:
→ 1 großer Turnkasten, 2 Hütchen, 1 Memory Spiel

Aufbau:
- Einen großen Turnkasten in die Nähe der Mittellinie stellen und die Memory-Karten verdeckt darauf auslegen

Übungsbild:

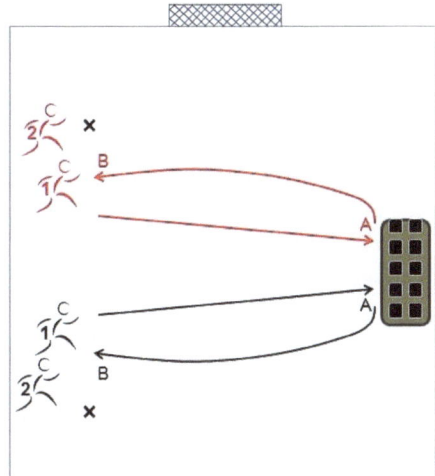

Ablauf:
- und starten gleichzeitig auf Kommando zum Turnkasten und decken jeweils zwei Karten auf, schauen sich die Bilder an und drehen sie wieder um
- Die beiden laufen dann wieder zurück und schlagen den nächsten Spieler ab, der sich auch zwei Karten anschaut.
- Wird ein Pärchen aufgedeckt (zwei gleiche Karten), nimmt der Spieler diese mit und legt sie bei seinen Mitspielern ab
- Der Ablauf wird so lange wiederholt, bis keine Karten mehr auf dem Kasten liegen.

⚠️ Die Spieler sollen sich abstimmen, wo welche Karte liegt, damit sie schneller passende Pärchen finden

Ziel:
- Die Mannschaft mit den meisten gefundenen Pärchen hat gewonnen

Variation:
- Für jede Mannschaft ein eigenes Memory auf einer kleinen Turnkiste auslegen

Verlierermannschaft muss z.B. eine zuvor definierte Strafe ausführen

Nr. 42		Sprint-Parcours mit Karten				6	
Spiele zum Aufwärmen		Spiele mit Ball		Fangspiele	X	Sprintwettkämpfe	☆

Benötigt:
→ 4 Hütchen, 2 Langbänke, 4 kleine Turnkisten, 3 dünne Turnmatten, 1 großer Turnkasten, 1 Kartenspiel

Aufbau:
- Auf einem großen Turnkasten an der Mittellinie Karten umgedreht auslegen
- 2 Turnbänke (Langbank) hintereinander aufstellen (C)
- 4 kleine Turnkisten aufstellen (D)
- 3 dünne Turnmatten auf den Boden legen (E)
- Zwischen den Geräten ausreichend Platz lassen

Ablauf:
- 🏃1 und 🏃1 starten gleichzeitig auf Kommando um die Hütchen zum Turnkasten (A) und drehen dort eine Karte um. Diese nehmen sie mit und führen folgende Aufgaben abhängig von der gezogenen Karte aus:
- **Karo (C):** Auf die erste Langbank legen und sich mit beiden Händen rechts und links auf dem Bauch liegend über die erste Bank ziehen. Aufstehen und beidbeinig immer von rechts nach links und umgekehrt über die 2. Langbank springen (min. 4 Sprünge vorgeben)
- **Herz (D):** Beidbeinig auf die kleine Turnkiste springen, dann runter und wieder auf die nächste Kiste springen
- **Pik (E):** 3 Purzelbäume vorwärts auf den Turnmatten machen
- **Kreuz (B):** Außenherum um die Hütchen wieder zurück laufen
- Danach wird der nächste Spieler abgeschlagen und der Ablauf wiederholt sich

Übungsbild:

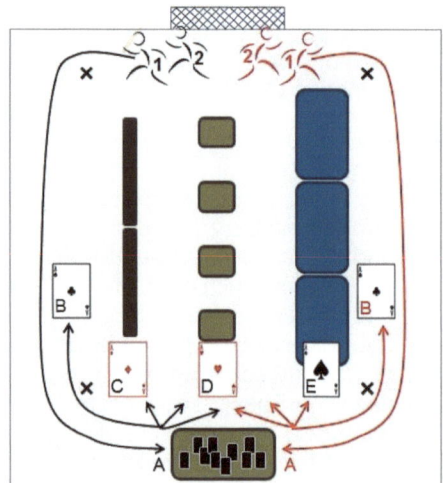

Wiederholung:
- Jeder Spieler läuft 3x

Variationen:
- Jede Mannschaft zieht vorher aus dem Stapel z.B. 20 Karten und teilt diese unter den Mitspielern auf. Jeder Spieler kommt mit einer Karte zum Kasten gelaufen und absolviert dann auf dem Rückweg die Aufgabe, die durch die Karte definiert ist.

Die Verlierermannschaft macht eventuell eine zuvor definierte „Strafaufgabe" (z.B. Sprint bis zur Mittellinie, Hampelmannbewegungen, Liegestützen)

DV
Concept
Jörg Madinger
Fachverlag für Sport

Nr. 43		**Mannschafts-Pendel-Staffel**				6	
Spiele zum Aufwärmen		Spiele mit Ball		Fangspiele	X	Sprintwettkämpfe	★★

Benötigt:
→ 4 Hütchen

Ablauf:

- 🏃**1** und 🏃**1** starten auf Kommando gleichzeitig und sprinten zum hinteren Hütchen, umlaufen es (A) und sprinten wieder zurück
- Sie nehmen 🏃**2** (🏃**1**) und 🏃**2** (🏃**1**) an die Hand (B), und sprinten zu zweit um das Hütchen (A) und wieder zurück
- Sie nehmen dann jeweils den 3. Spieler an die Hand usw. bis alle Spieler Hand in Hand um das Hütchen sprinten
- Wenn der letzte Spieler „abgeholt" wurde, laufen alle Spieler zusammen eine Runde um das hintere Hütchen (A)
- Wenn sie wieder zurück sind, lassen 🏃**1** und 🏃**1** los und die anderen Spieler sprinten wieder um das Hütchen (A)
- Bei jedem Durchlauf am Start (B), lässt in umgekehrter Reihenfolge jeweils ein Spieler los, bis nur noch einer übrig ist, dieser sprintet dann alleine die letzte Runde

Die Verlierermannschaft macht eventuell eine zuvor definierte „Strafaufgabe" (z.B. Sprint bis zur Mittellinie, Hampelmannbewegungen, Liegestützen)

Übungsbild:

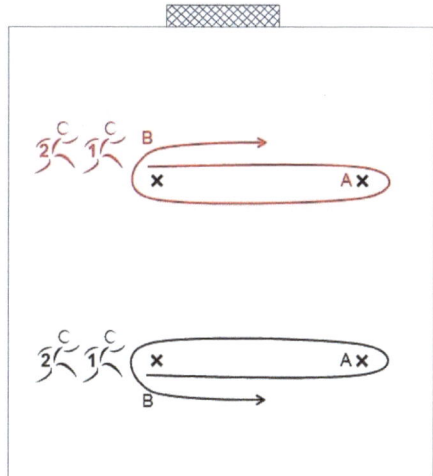

⚠ Der Wettkampf ist sehr intensiv, da jeder Spieler hintereinander mehrere Umläufe machen muss. Die Intensität steigt mit der Spieleranzahl je Mannschaft.

⚠ Eventuell lohnt sich ein taktisches Laufen (durch die hohe Belastung entscheidet sich der Sieg erst am Schluss)

Nr. 44	Sprintslalom mit kleinen Turnmatten		8	
Spiele zum Aufwärmen	Spiele mit Ball	Fangspiele	X Sprintwettkämpfe	★★

Benötigt:

➔ 2 dünne Turnmatten, 8 Hütchen

Aufbau:

- Zwei Mannschaften bilden, die je eine dünne Turnmatte tragen müssen
- Immer drei Spieler müssen pro Durchgang die Matte tragen (falls die Matte zu schwer ist, vier Spieler nehmen)

Ablauf:

- Die beiden Mannschaften starten auf Kommando gleichzeitig (A)
- Die drei Spieler tragen die Matte gemeinsam im Slalom durch den Hütchenparcours (B)
- Nach dem Durchgang (C) wird ein Spieler (bei mehr als vier Spielern je Mannschaft, zwei oder mehr Spieler) ausgetauscht und der Ablauf wiederholt sich z.B. 5 Durchgänge

Verlierermannschaft muss z.B. eine zuvor definierte Strafe ausführen

Variation:

- Auf die Matte einen Ball legen, der balanciert werden muss. Fällt er herunter, muss er erst wieder auf die Matte gelegt werden

Übungsbild:

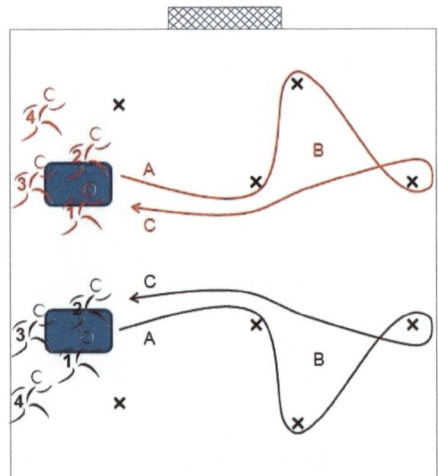

⚠ Für den hinteren Spieler (hier im Beispiel 🏃3 und 🏃3) ist die Übung sehr intensiv, da er „alleine" trägt

Nr. 45	Weichbodenmatten-Transportstaffel	12	
Spiele zum Aufwärmen	Spiele mit Ball	Fangspiele	X Sprintwettkämpfe ★★

Benötigt:
→ 2 Weichbodenmatten

Grundablauf:
- Zwei Mannschaften bilden
- Eine Weichbodenmatte je Mannschaft so aufrichten, dass sie mit der kurzen Kante auf dem Boden steht
- Je vier Spieler der sechs stehen direkt bei der Weichbodenmatte

Ablauf:
- Auf Kommando starten beide Mannschaften und rollen die Matte um 180° auf die andere Seite (kurze Kante) (A)
- Zwei (hier 3 und 4) der vier Spieler sprinten zurück und klatschen die beiden Wartenden ab (5 und 6)
- Die Spieler 5 und 6 sprinten zur Matte und drehen sie zusammen mit 1 und 2 wieder um 180° auf die kurze Kante
- Jetzt rennen 1 und 2 zurück und klatschen 3 und 4 ab
- Usw., die Mannschaft, die es schafft, die Matte zuerst über die gegenüberliegende Grundlinie zu rollen, hat gewonnen

Übungsbild:

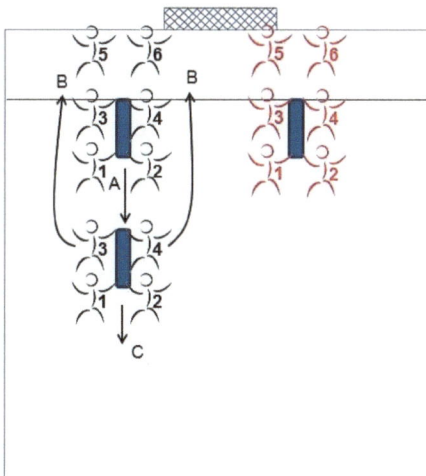

Die Verlierermannschaft macht eventuell eine zuvor definierte „Strafaufgabe" (z.B. Sprint bis zur Mittellinie, Hampelmannbewegungen, Liegestutzen)

Nr. 46		**Mattentransportstaffel**		8	
Spiele zum Aufwärmen		Spiele mit Ball	Fangspiele	X Sprintwettkämpfe	★★

Benötigt:
➔ 4 dünne Turnmatten

Grundaufbau:
- Zwei (oder mehr) Mannschaften zu je vier Spielern mit je zwei dünnen Turnmatten bilden
- Die vier Spieler stehen in der Startposition alle auf der ersten Matte (A)
- Der Hallenboden darf während des Wettkampfes dann nicht mehr mit dem Körper berührt werden
- Ziellinie (z.B. gegenüberliegende Grundlinie) definieren

Ablauf:
- Auf Kommando starten beide Mannschaften und laufen auf die zweite Matte (B)
- Die erste Matte muss über den Kopf der Spieler gehoben und vorne wieder an die zweite Matte angelegt werden (C)
- Alle Spieler laufen wieder vor auf die Matte und wiederholen den Ablauf so lange, bis die Ziellinie erreicht ist (D)

Die Verlierermannschaft macht eventuell eine zuvor definierte „Strafaufgabe" (z.B. Sprint bis zur Mittellinie, Hampelmannbewegungen, Liegestützen)

Übungsbild:
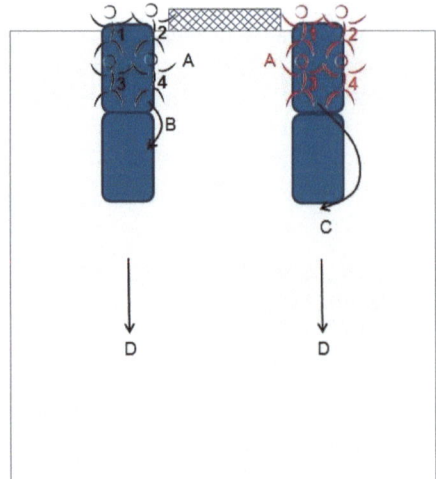

Nr. 47		Sprintstaffel mit Turnbänken			6	
Spiele zum Aufwärmen		Spiele mit Ball	Fangspiele	X	Sprintwettkämpfe	★

Benötigt:
→ 2 Turnbänke, 1 großer Turnkasten, 1 Kartenspiel

Aufbau:
- An der Mittellinie wird ein großer Turnkasten aufgebaut. Zwei Kartenstapel mit der gleichen Anzahl Spielkarten werden auf ihm rechts und links abgelegt.
- Zwei Turnbänke werden zu beiden Seiten des Feldes längs aufgestellt
- Je zwei Hütchen markieren die Startposition für die beiden Mannschaften

Übungsbild:

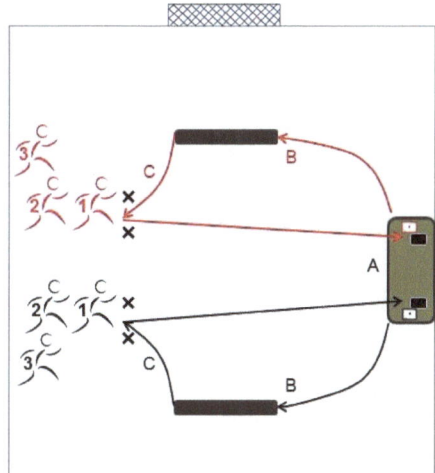

Ablauf:
- Der erste Spieler jeder Mannschaft sprintet zum Kasten und schaut sich die oberste Karte von dem der Mannschaft zugehörigen Kartenstapel an. Entsprechend der Kartenfarbe führt er die jeweilige Aktion aus und klatscht den nächsten Mitspieler ab, der die nächste Karte abarbeitet
- Welche Mannschaft hat ihren Kartenstapel zuerst erledigt?

Aufgaben je nach Kartenfarbe:
- Karo: auf Knien und Händen über die Turnbank krabbeln
- Herz: zweimal unter der Turnbank hindurch kriechen
- Pik: 4 Sprünge beidbeinig über die Turnbank
- Kreuz: sich mit dem Bauch auf die Turnbank legen und mit 3 Zügen über die Turnbank ziehen

Nr. 48		Sprintquartett				8	
Spiele zum Aufwärmen		Spiele mit Ball		Fangspiele	X	Sprintwettkämpfe	★

Benötigt:
→ 1 Kartenspiel, 1 großer Turnkasten, 2 Basketballkörbe, je Gruppe einen Ball, 2 Hütchen

Aufbau:
- Mannschaften zu 2 oder 3 Spielern bilden, und ihnen eine Spielkarte zuweisen (z.B. Buben, 7er, Könige)
- Alle Spielkarten mit dem Bild nach unten auf dem Kasten verteilt auslegen

Übungsbild:

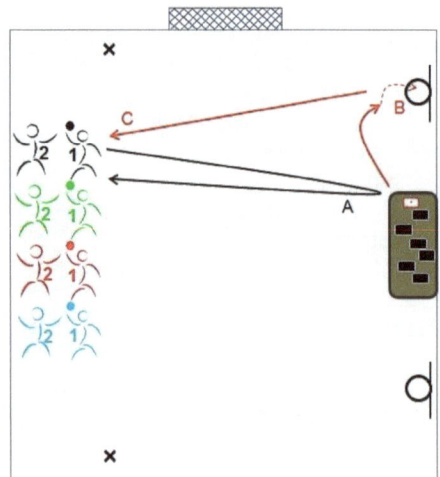

Ablauf:
- Alle Spieler starten auf Kommando gleichzeitig mit Ball und sprinten zum Kasten
- Dort drehen sie eine Karte herum. Ist es die Zugewiesene, nehmen sie die Karte mit und sprinten zurück (A) und übergeben den Ball an den nächsten Spieler 2, der dann ebenfalls zum Kasten sprintet usw. bis alle 4 Karten eingesammelt wurden
- Ist es eine falsche Karte, muss 1 zum Basketballkorb abbiegen (die Karte dreht er wieder herum und lässt sie liegen) und dort so lange auf den Korb werfen, bis er getroffen hat (B)
- Danach rennt 1 zurück und übergibt den Ball an 2 (C)

Die Mannschaft, die zuerst alle vier Karten eingesammelt hat, hat gewonnen.

Nr. 49		Spiegellauf			2	
Spiele zum Aufwärmen		Spiele mit Ball	Fangspiele	X Sprintwettkämpfe		★ ★

Benötigt:
→ 16 Hütchen

Aufbau:
- Mit jeweils 8 Hütchen werden Doppelfelder abgegrenzt (je 2 Teilfelder 3*3 Meter)

Ablauf:
- In jedem Teilfeld steht ein Spieler.
- Einer der beiden Spieler macht einen Laufweg vor (hier **1** und **2**), indem er in schnellem Sprint die Hütchen seines Teilfeldes abläuft (A). Der Laufweg kann frei gestaltet werden, ein Hütchen darf jedoch nicht 2mal hintereinander berührt werden.

- Der zweite Spieler (hier **1** und **2**) spiegelt den Laufweg seines Partners und läuft den gleichen Laufweg in seinem Teilfeld (B).
- Die Achse in der Mitte der beiden Teilfelder dient dabei als Spiegelachse (Bsp.: läuft **1** nach rechts oben, läuft **1** nach links oben, läuft **1** nach links unten, läuft **1** nach rechts unten)
- **1** und **2** versuchen, sich nicht abhängen zu lassen und **1** bzw. **2** immer im Auge zu behalten.

Übungsbild:

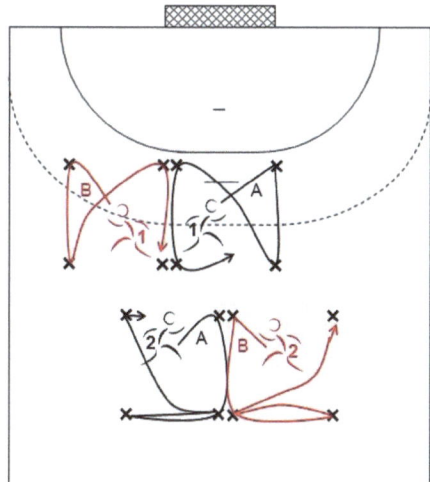

⚠ Nach zwei Durchgängen neue Pärchen bilden

⚠ Die Übung bei einer größeren Spieleranzahl mit einer zweiten Paarung im Wechsel ausführen

Variationen:
- In jedem Teilfeld stehen 2 Spieler. Die beiden Spieler in einem Teilfeld laufen gleichzeitig zu den Hütchen, die beiden Spieler des anderen Teilfeldes spiegeln diesen Ablauf
- Die Spieler prellen während der Übung jeweils einen Ball

Nr. 50	Wer sammelt seine Karten zuerst ein?		8	
Spiele zum Aufwärmen	Spiele mit Ball	Fangspiele	X Sprintwettkämpfe	⭐

Benötigt:
➔ 20 Hütchen, 1 Kartenspiel

Aufbau:
- Es werden 4 Mannschaften mit 2-3 Spielern gebildet
- Jeder Mannschaft wird ein mit Hütchen abgegrenztes Feld zugeordnet
- In der Mitte wird ein fünftes mit Hütchen angegrenztes Feld aufgestellt und ein Kartenspiel verdeckt ausgelegt.
- Jeder Mannschaft wird eine Kartenfarbe (Kreuz, Pik, Herz, Karo) zugeordnet. Die Mannschaften haben die Aufgabe, alle Karten ihrer Farbe ins eigene Feld zu transportieren.

Ablauf:
- 🏃1, 🏃2 3🏃, und 4🏃 starten gleichzeitig und holen eine verdeckte Karte aus dem Feld in der Mitte (A).
- Die gezogene Karte wird ins eigene Feld gebracht (B) und dort
  - an der hinteren Linie offen abgelegt, wenn es eine für die Mannschaft „richtige" Karte ist (C)
  - Vorne im Feld offen abgelegt, wenn es eine Karte einer anderen Mannschaft ist (D)
- Dann laufen die nächsten beiden Spieler jeder Mannschaft los und holen entweder eine weitere Karte aus dem Stapel in der Mitte (E) oder schauen bei den anderen Mannschaften nach, ob dort eine benötigte Karte liegt und holen diese (F) (gibt es keine geeignete Karte im angesteuerten Feld, laufen die Spieler ohne Beute zurück)

Übungsbild:

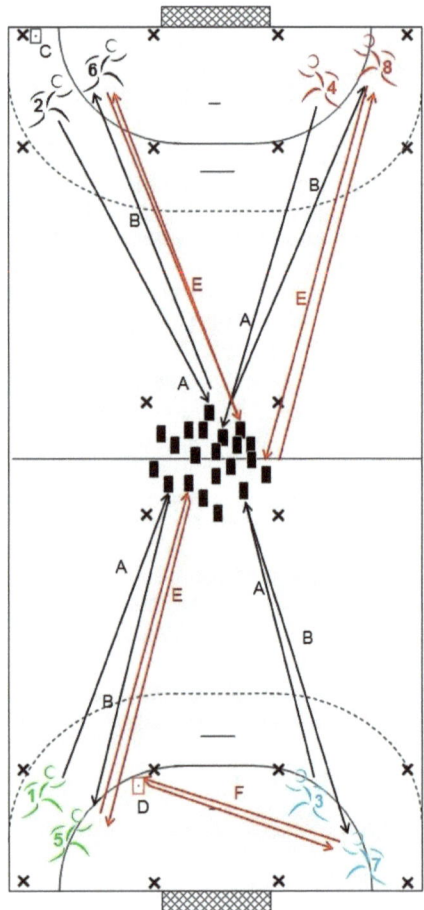

- Welche Mannschaft schafft es zuerst, alle eigenen Karten zu sammeln?

Anmerkung des Autors

1995 überredete mich ein Freund, mit ihm zusammen das Handballtraining einer männlichen D- Jugend zu übernehmen.

Dies war der Beginn meiner Trainertätigkeit. Daraufhin fand ich Gefallen an den Aufgaben eines Trainers und stellte stets hohe Anforderungen an die Art meiner Übungen. Bald reichte mir das Standardrepertoire nicht mehr aus und ich begann, Übungen zu modifizieren und mir eigene Übungen zu überlegen.

Heute trainiere ich mehrere Jugend- und Aktivmannschaften in einem breit gefächerten Leistungsspektrum und richte meine Trainingseinheiten gezielt auf die jeweilige Mannschaft aus.

Seit einigen Jahren vertreibe ich die Übungen über meinen Onlineshop handball-uebungen.de. Da die Tendenz im Handballtraining, vor allem im Jugendbereich, immer mehr in Richtung einer allgemeinen sportlichen Ausbildung mit koordinativen Schwerpunkten geht, eignen sich viele Spiele und Spielformen auch für andere Sportarten

Lassen Sie sich inspirieren von den verschiedenen Spielideen und bringen Sie auch Ihre eigene Kreativität und Erfahrung ein

Eckpunkte meiner Trainerlaufbahn

- seit Juli 2012: Inhaber der DHB A-Lizenz
- seit November 2011: Buch Autor (handall-uebungen.de, Handball Praxis und Handball Praxis Spezial)
- 2008-2010: Jugendkoordinator und Jugendtrainer bei der SG Leutershausen
- seit 2006: B-Lizenz Trainer

Ihr
Jörg Madinger

DV
Concept
Jörg Madinger
Fachverlag für Sport

5. Weitere Fachbücher vom Verlag DV Concept

E-Books aus der Reihe Handball Praxis Mini

Mini- und Kinderhandball (5 Trainingseinheiten)

Mini- bzw. Kinderhandball unterscheidet sich grundlegend vom Training höherer Altersklassen und erst recht vom Handball in Leistungsbereichen. Bei diesem ersten Kontakt mit der Sportart „Handball" sollen die Kinder an den Umgang mit dem Ball herangeführt werden. Es soll der Spaß an der Bewegung, am Sport treiben, am Spiel miteinander und auch am Wettkampf gegeneinander vermittelt werden.

Das vorliegende Buch führt zunächst kurz in das Thema und die Besonderheiten des Mini- und Kinderhandballs ein und zeigt dabei an einigen Beispielübungen Möglichkeiten auf, das Training interessant und abwechslungsreich zu gestalten. Im Anschluss folgen fünf komplette Trainingseinheiten in verschiedenen Schwierigkeitsgraden mit Hauptaugenmerk auf den Grundtechniken im Handball (Prellen, Passen, Fangen, Werfen, und Abwehren im Spiel gegeneinander). Hier wird spielerisch in die späteren handballspezifischen Grundlagen eingeführt, wobei auch die generelle Bewegungserfahrung und die Ausprägung von koordinativen Fähigkeiten besondere Beachtung findet.

Die Übungen sind leicht verständlich durch Text und Übungsbild erklärt und können in jedes Training direkt integriert werden. Durch verschiedene Variationen können die Trainingseinheiten im Schwierigkeitsgrad an die jeweilige Trainingsgruppe angepasst werden. Sie sollen auch Ideen bieten, die Übungen zu modifizieren und weiterzuentwickeln, um das Training immer wieder neu und abwechslungsreich zu gestalten.

E-Books aus der Reihe Handball Praxis

Handball Praxis 1 - Handballspezifische Ausdauer (5 Trainingseinheiten)

Die Grundlagenausdauer ist im Handball Voraussetzung für ein hohes spielerisches Niveau über das ganze Spiel hinweg. Hinzu kommt eine handballspezifische Ausdauer, die sich in einer hohen Schnelligkeitsausdauer und einer guten Erholung von Belastungsspitzen niederschlägt. In den folgenden Trainingseinheiten soll dargestellt werden, wie diese Ausdauer handballspezifisch und mit Spaß trainiert werden kann. Zudem wird in den Trainingseinheiten auch die Konzentration unter Ermüdungsbedingungen geschult, eine im Handball nicht wegzudenkende Fähigkeit, die oft den entscheidenden Vorteil am Ende eines Spieles ausmacht.

Handball Praxis 2 - Grundbewegungen in der Abwehr (5 Trainingseinheiten)

Die individuelle Ausbildung der einzelnen Spieler, sowie das Zusammenspiel in der Mannschaft ist ein wichtiger Baustein für den Erfolg und muss immer wieder wiederholt und vertieft werden.

Handball Praxis 3 - Erarbeiten von Auslösehandlungen und Weiterspielmöglichkeiten
(5 Trainingseinheiten)

Im gebundenen Spiel 6 gegen 6 ist es nicht immer einfach, eine kompakt stehende Abwehr zu überwinden. Mit diesen Auftakthandlungen (Auslösehandlungen) bringen sie Bewegung in die gegnerische Abwehr.

Mehrere Weiterführungsmöglichkeiten bieten variable Abschlussmöglichkeiten.

Handball Praxis 4 - Intensives Abwehrtraining im Handball (5 Trainingseinheiten)
Der Angriff schießt die Tore, die Abwehr gewinnt das Spiel.

Im folgenden Band finden Sie fünf methodisch ausgearbeitete Trainingseinheiten zum Thema Abwehr im Handballspiel. Die individuelle Ausbildung der einzelnen Spieler, sowie das Zusammenspiel in der Mannschaft ist ein wichtiger Baustein für den Erfolg und muss immer wieder wiederholt und vertieft werden. Ebenso ist eine konditionelle Fitness gerade für eine konzentrierte Abwehrleistung immens wichtig. Diese Einheiten legen ein großes Augenmerk auf konditionelle Elemente und sind daher für ältere Jugendmannschaften und erwachsene Mannschaften aus dem Leistungsbereich sehr zu empfehlen.

Handball Praxis 5 - Abwehrsysteme erfolgreich überwinden (5 Trainingseinheiten)
Nicht immer hat man überragende Einzelspieler, die in 1gegen1 Aktionen die Spielsituation lösen können, daher ist strukturiertes Zusammenspiel ein wichtiger und spielentscheidender Faktor, um gegnerische Abwehrreihen zu überwinden. In diesem Buch werden fünf Trainingseinheiten vorgestellt, die methodisch Auftakthandlungen gegen verschiedene Abwehrsysteme erarbeiten.

Die ersten beiden Trainingseinheiten erarbeiten Schritt für Schritt die Grundlagen der Kreuzbewegungen und der Sperrstellung des Kreisläufers mit Absetzen. In den weiteren drei Einheiten liegt der Schwerpunkt beim Spiel gegen eine 6:0, 5:1 und 3:2:1 Abwehr. Auftakthandlungen zum Ausspielen der jeweiligen Abwehrformation werden erarbeitet.

Handball Praxis 6 - Grundlagentraining für E- und D- Jugendliche (5 Trainingseinheiten)
Die vorliegenden Trainingseinheiten erarbeiten Grundlagen für den E- und D- Jugendbereich. Die Anforderungen können aber auch einfach an höhere Altersklassen angepasst und für diese angewendet werden. Schritt für Schritt werden die einzelnen Themen innerhalb einer Trainingseinheit vom Einfachen zum Komplexen altersspezifisch erarbeitet. Ein großer Fokus liegt auf dem Erlernen der handballspezifischen Grundlagen durch gezielte Übungen und spielerische Elemente.

E-Books aus der Reihe Handball Praxis Spezial

Handball Praxis Spezial 1 - Schritt für Schritt zur 3-2-1 Abwehr (6 Trainingseinheiten)
Die 3-2-1 Abwehr ist ein hervorragendes taktisches Mittel, um den Angriff im Aufbau unter Druck zu setzen. Schnelle Ballgewinne und Konter sind oft die Folge. Gute konditionelle Eigenschaften, sowie eine gute Ausbildung im 1gegen1 in der Abwehr sind allerdings Grundvoraussetzungen dafür. Für eine allumfassende Ausbildung in der Jugend gehört die 3-2-1 Abwehr zwingend dazu.

Handball Praxis Spezial 2 - Schritt für Schritt zum erfolgreichen Angriffskonzept gegen eine 6-0 Abwehr (6 Trainingseinheiten)
Die sechs im Buch enthaltenen Trainingseinheiten erarbeiten eine Auftakthandlung gegen eine 6:0-Abwehr mit verschiedenen variablen Weiterspielmöglichkeiten. Die ersten drei Trainingseinheiten vermitteln dabei die individuellen und kleingruppentaktischen Grundlagen für ein Spiel gegen die 6:0-Abwehr, zunächst die dynamische Stoßbewegung mit Durchbruchentscheidung, dann die Grundlagen des Kreuzens und des Zusammenspiels mit dem Kreisläufer. Die folgenden drei Trainingseinheiten führen als Auftakthandlung Kreuzen des Mittelspielers mit dem Außen ein und bieten mit drei Varianten im weiteren Zusammenspiel variable Möglichkeiten, die gegnerische Abwehr auszuspielen.

DV
Concept
Jörg Madinger
Fachverlag für Sport

E-Books aus der Reihe Handball Übungen

Buch 1 - Passen und Fangen in der Bewegung Teil 1 (25 Übungen)

Passen und Fangen sind zwei Grundtechniken im Handball, die im Training permanent trainiert und verbessert werden müssen. Die vorliegenden 25 praktischen Übungen bieten viele Varianten, um das Passen und Fangen anspruchsvoll und abwechslungsreich zu trainieren. Ein besonderer Fokus liegt dabei darauf, die Sicherheit beim Passen und Fangen auch in der Bewegung mit hoher Dynamik zu verbessern. Deshalb werden die Übungen mit immer neuen Laufwegen und spielnahen Bewegungen gekoppelt.

Die Übungen sind leicht verständlich in Text und Übungsbild erklärt und können in jedes Training direkt integriert werden. Durch verschiedene Schwierigkeitsgrade und Komplexitätsstufen kann für jede Altersstufe das Passen und Fangen passend gestaltet werden.

Buch 6 - Passen und Fangen in der Bewegung Teil 2 (25 Übungen)

2. Teil mit weiteren Übungen

Buch 2 - Effektives Einwerfen der Torhüter Teil 1 (25 Übungen)

Das Einwerfen der Torhüter ist in nahezu jedem Training notwendiger Bestandteil. Die vorliegenden 25 Übungen zum Einwerfen bieten hier verschiedene Ideen, um das Einwerfen sowohl für Torhüter als auch für die Feldspieler anspruchsvoll und abwechslungsreich zu gestalten. Ein besonderer Fokus liegt dabei darauf, schon beim Einwerfen die Dynamik der Spieler zu verbessern.

Die Übungen sind leicht verständlich durch Text und Übungsbild erklärt und können in jedes Training direkt integriert werden. Ob gekoppelt mit koordinativen Zusatzübungen oder vorbereitend für Inhalte des Hauptteils, kann für jedes Training und durch verschiedene Schwierigkeitsstufen auch für jede Altersstufe das Einwerfen passend gestaltet werden.

Buch 7 - Effektives Einwerfen der Torhüter Teil 2 (25 Übungen)

2. Teil mit weiteren Übungen

Buch 3 - Handballnahe Spiele zur Erwärmung (25 Übungen)

Handball lebt von schnellen und richtig getroffenen Entscheidungen in jeder Spielsituation. Dies kann im Training spielerisch und abwechslungsreich durch handballnahe Spiele trainiert werden. Die vorliegenden 25 Spiele schulen bereits beim Erwärmen die Spielfähigkeit. Hier kann sich jeder Spieler einbringen und mit Spaß ins Training starten.

Die Spiele sind leicht verständlich durch Text und Übungsbild erklärt und können in jedes Training direkt integriert werden. Durch verschiedene Schwierigkeitsstufen, zusätzlichen Hinweisen und Variationsmöglichkeiten, können sie für jede Altersstufe angepasst gestaltet werden.

Buch 4 - Spielerisch zu schnelleren Beinen (25 Übungen)

Schnelligkeit ist eine der wichtigsten konditionellen Fähigkeiten im modernen Handball. Kurze Antritte mit maximaler Belastung entscheiden über den Erfolg der Aktionen. Mit den vorliegenden 25 Wettkampfspielen kann im Training die Schnelligkeit spielerisch und mit Spaß trainiert werden, in Einzelwettkämpfen, bei denen jeder für sich selbst arbeitet und in Wettkämpfen zwischen mehreren Teams.

Die praktischen Übungen sind leicht verständlich durch Text und Übungsbild erklärt und können in jedes Training direkt integriert werden. Durch verschiedene Schwierigkeitsstufen und zusätzliche Hinweise und Variationsmöglichkeiten, kann das Schnelligkeitstraining so für jede Altersstufe abwechslungsreich gestaltet werden.

Buch 5 - Wurfserien und Kreuzbewegungen (25 Übungen)

Der Wurf ist ein zentraler Baustein des Handballspiels, der durch regelmäßiges Training immer wieder erprobt und verbessert werden muss. Deshalb ist es immer wieder sinnvoll, Wurfserien im Training durchzuführen. Die vorliegende Übungssammlung bietet 25 verständliche, leicht nachzuvollziehende praktische Übungen zu diesem Thema, die in jedes Training integriert werden können.

Angefangen von einfachen Wurfserien für die Verbesserung und Automatisierung der Wurftechnik von verschiedenen Positionen bis hin zu komplexen Abläufen mit gekoppelten Auslösehandlungen, bei denen der Werfende sich auf immer neue Situationen einstellen und den optimalen Wurf finden muss, sind hier Beispiele in verschiedenen Schwierigkeitsstufen beschrieben. Mit diesen Ideen lässt sich das Training des Wurfs für jede Altersstufe abwechslungsreich und immer wieder neu gestalten.

Buch 8 - Spieleröffnungen im Handball (15 Auftakthandlungen)

Im gebundenen Spiel 6 gegen 6 ist es nicht immer einfach, eine kompakt stehende Abwehr zu überwinden. Mit diesen Auftakthandlungen (Auslösehandlungen) bringen sie Bewegung in die gegnerische Abwehr.

Mehrere Weiterführungsmöglichkeiten bieten variable Abschlussmöglichkeiten.

Buch 9 - Koordination mit Ball - Koordinative Grundlagen mit Ball trainieren
(25 Übungen)

Koordinative Fähigkeiten sind eine Grundvoraussetzung für eine erfolgreiche Handballausbildung. Deshalb sind Übungen zur Koordination elementarer Bestandteil jedes Handballtrainings. Das vorliegende Buch soll Ihnen mit 25 Einzelübungen Anreize geben, wie handballspezifische Koordination abwechslungsreich gestaltet werden kann.

Weitere Handball Fachbücher finden Sie unter www.handball-uebungen.de

www.ingramcontent.com/pod-product-compliance
Lightning Source LLC
Chambersburg PA
CBHW042130080426
42735CB00001B/29